中国步枪 从仿制到自行研制

FROM COPYING TO INDEPENDENT DEVELOPMENT

丛书策划　李俊亭

丛书主编　丁宁　游云　编著　马式曾

图书在版编目（CIP）数据

中国步枪：从仿制到自行研制/马式曾编著．--
北京：国防工业出版社，2025.1 重印
（武器装备知识大讲堂丛书）
ISBN 978-7-118-12464-4

Ⅰ．①中… Ⅱ．①马… Ⅲ．①步枪—中国—普及读物
Ⅳ．① E922.12-49

中国版本图书馆 CIP 数据核字（2022）第 158362 号

中国步枪：从仿制到自行研制

责任编辑　刘汉斌

出版　国防工业出版社（北京市海淀区紫竹院南路 23 号　邮政编码 100048）
印刷　雅迪云印（天津）科技有限公司印刷
经销　新华书店
开本　710mm×1000mm　1/16
印张　$16\frac{3}{4}$
字数　298 千字
版次　2025 年 1 月第 1 版第 2 次印刷
印数　6001-9000 册
定价　78.00 元

（本书如有印装错误，我社负责调换）
国防书店：（010）88540777　书店传真：（010）88540776
发行业务：（010）88540717　发行传真：（010）88540762

CONTENT ABSTRACT
内容简介

本书以通俗易懂的语言、图文并茂的方式，首次全面、系统地介绍中国步枪从无到有、从仿制到自行研制艰辛而辉煌的发展历程。从浩瀚的史料中精心选择我国步枪发展与运用的精彩故事，揭示各种步枪的技术原理及造型设计理念，旨在向广大读者普及步枪知识，弘扬科学探索精神。

本书适合广大青少年、步枪爱好者，以及关心我国轻武器事业的读者阅读和收藏。

开场白 Prologue

步枪的定义是单兵使用的抵肩射击长管枪。步枪按照装填方式分为前装枪、后装枪。后装枪分为独子枪、弹仓枪。起初弹仓步枪是手动装填,后来出现了自动装填,自动装填的步枪称为自动步枪,自动步枪中能连发射击的称为全自动步枪,只能单发射击的称为半自动步枪。

20世纪前半叶,中国一直处于战乱时期,各种武装力量中的步枪装备多数是向世界许多国家购买,呈现"万国牌"局面。本书不讨论步枪的购买部分,仅讲述与中国步枪有关的仿制和研制内容。中国步枪在经历上百年的仿制之后,从1958年才正式开始自行研制。

由于国人兵器文物概念较薄,境内19世纪枪支难觅,稀有者也是残缺不全。本书所用老枪图片主要来自国外,以资图示理解内容。

马式曾
2022年9月

CONT 目录
《 ENTS

1 独子步枪的仿制 / 10

法国米涅前装线膛火帽步枪 / 01
美国雷明顿后装线膛步枪 / 02
英国恩菲尔德-斯奈德 M1866 步枪 / 03
美国海军试装过的李氏步枪 / 04
英国 MK Ⅰ 马蒂尼-亨利步枪 / 05
德国 M1871 步枪 / 06
中国后装抬枪的制造 / 07

2 奥匈、德国初期弹仓步枪的仿制 / 10

弹仓步枪在中国仿制的开篇——奥匈 8 毫米曼利夏步枪 / 11
弹仓步枪在中国仿制的成功——德国 7.92 毫米 M1888 委员会步枪 / 14

3 6.8 毫米元年式步枪的萌动 / 24

6.8 毫米光绪三十三年式步枪 / 25
6.5 毫米宣统三年式步枪 / 28
6.8 毫米元年式步枪 / 29
7.92 毫米四年式步枪——元年式步枪的归宿 / 30

4 中国 7.7 毫米快利步枪的夭折 / 32

■ 邀您一起追溯中国步枪自洋务运动至香港回归全程并见证精彩瞬间！

5 德国 7.92 毫米 M1898 步枪的仿制与改良 / 40

德国 M1898 步枪系列 / 41
M1898 步枪在中国的仿制 / 49
FN1930 步枪在中国的仿制 / 54
Standard Model 步枪在中国的仿制 / 56

6 日本 6.5 毫米三八式步枪的仿制及对中国小口径步枪研制的影响 / 58

日本三八式步枪 / 59
中国的仿制 / 63
三八式小口径"流毒"惹麻烦 / 66

7 苏联 7.62 毫米弹仓步枪的仿制 / 68

俄罗斯/苏联 M1891 步枪系列 / 69
M1891 步枪系列在中国 / 74
苏联 M1944 骑枪在中国的仿制 / 77

8 苏联 7.62 毫米半自动步枪的仿制 / 80

SKS45 步枪来历 / 81
中国仿制成"56 半" / 84
墙内开花墙外香 / 90
"56 半"热销美国 / 93

CONT 目录
《ENTS

9 苏联 7.62 毫米全自动步枪的仿制 / 96

AK47 让卡拉什尼科夫成为传奇 / 97
AK47 辉煌依旧 / 100
加不加刺刀曾引起中国高层关注 / 107
"56 冲"后续及其战术地位 / 111

10 1963 式 7.62 毫米自动步枪的研制生产 / 116

奋发图强，步冲合一 / 117
初期产品反映良好 / 120
一度遭停产 / 124
过渡值得总结 / 126

11 1981 式 7.62 毫米自动步枪的研制生产 / 128

第二代自动步枪起步 / 129
枪族化是正途 / 132
选型试验与评比 / 135
红花绿叶配 / 143
1981 式班用枪族性能斐然 / 147

■ 邀您一起追溯中国步枪自洋务运动至香港回归全程并见证精彩瞬间!

12 1985 式 7.62 毫米半自动狙击步枪的仿制生产 / 154

狙击步枪率先半自动 / 155
79 式狙击步枪过渡 / 159
1985 式狙击步枪出笼 / 161

13 5.8 毫米 1987 式枪弹、1987 式班用枪族的研制生产 / 164

掀起小口径研制热潮 / 165
初选、集中、竞争 / 170
5.8 与 6.0 两个口径枪弹研制三年并进 / 174
5.8 口径步枪弹准备上马 / 177
调整内弹道,准备枪弹定型 / 183
经受外"销"冲击,以"枪"定"弹"稳步走 / 186
枪弹口径东西方对峙,中国认真分析 / 189
考虑大国地位,走上 5.8 毫米口径之路 / 193

14 1987A 式 5.8 毫米步枪的研制生产 / 196

应急受命,仓促上阵 / 197
方案、设计、评选、加工和试验一气呵成 / 199
投产试用不放松 / 204

CONTENTS 目录

15 1995 式 5.8 毫米步枪的研制生产   / 208

四家争先   / 209
竞争深入   / 212
集中攻关   / 216
进港壮国威   / 220

16 步枪口径三足鼎立的世界格局   / 222

美国选择 5.56 毫米口径   / 224
苏联选择 5.45 毫米口径   / 229
中国选择 5.8 毫米口径   / 230
其他国家遵从或中立   / 233

17 步枪造型如是谈   / 238

3 点嫌疑的来历   / 240
步枪造型要求异   / 242
造型设计 "20 字心法"   / 245

18 与中国擦肩而过的燧发枪   / 252

独子步枪的仿制

近代中国最早各厂仿制的是火帽式前装滑膛枪，发射霰弹（许多个弹子）或独丸。其基本结构是在枪管尾部有一锥形发火嘴，嘴内小孔连通枪管内的发射药；嘴上安放着铜火帽，锥形发火嘴座的后方安有鸟头形打火锤。扣动扳机，打火锤在弹簧力作用下锤击火帽，点燃发射药。后来接着仿制火帽式前装线膛枪，枪管内有了膛线，发射独子铅弹，精度和射程都有所提高。中国在前装枪阶段大量仿制的是火帽发火方式，最高级的是仿制了法国米涅前装线膛火帽步枪；后装枪阶段始于对独子枪的仿制，如美国雷明顿后装线膛步枪、英国恩菲尔德-斯奈德步枪、美国海军试装过的李氏步枪、英国MK Ⅰ马蒂尼-亨利步枪、德国M1871毛瑟独子步枪等。

法国米涅前装线膛火帽步枪

1864年2月，经李鸿章批准购买的英国枪炮弹药全套制造机具运达苏州洋炮局，开始机械化仿制法国17.8毫米米涅前装线膛火帽步枪和米涅前装弹头。弹头前部为卵形，后部为圆柱体，底部为中空的铅弹丸。到1876年停止前共仿出步枪1487支，骑枪5990支。

英造 M1851 米涅前装线膛步枪全貌

米涅弹

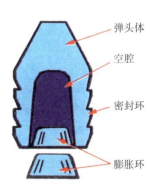

米涅弹头结构

英造 M1851 米涅前装线膛步枪局部

美国雷明顿后装线膛步枪

1871年，上海江南制造局购得生产美国雷明顿后装线膛步枪全套设备。1871—1883年期间，生产了美国雷明顿边缘发火的后装线膛步枪2.5万支，口径0.50英寸（1英寸=2.54厘米），全枪质量4.2千克。

雷明顿M1863步枪：发射底缘发火弹，口径12.7毫米，枪弹全质量41.4克，膛线6条，初速430米/秒；全枪长1360毫米、1860毫米（装刺刀），全枪质量（不含刀）4.9千克，全弹质量41.4克，最大射程1000米左右。

美国造海军雷明顿M1867步枪

美国雷明顿M1867步枪的左视和顶视

1878—1881年，天津制造局曾仿制出美12.7毫米雷明顿独子枪520支。山东制造局也仿制过美12.7毫米雷明顿独子枪。

1884年上海江南制造局开始仿制改进型雷明顿步枪，其口径缩小为10毫米，底缘发火弹改成了中心发火的定装弹，到1891年共仿出13/10毫米雷明顿后装枪3万多支，缺点是容易走火。

英国恩菲尔德－斯奈德 M1866 步枪

从 1867—1908 年的 40 多年里，全国后装线膛枪生产数量一共不足 10 万支，因为制造这些枪需要设备、技术，清政府支持不了巨资消耗，只好继续生产简单的前装枪，所以中国由前装变后装的过程缓慢。官兵平时操练用前装，应急才给使用后装。

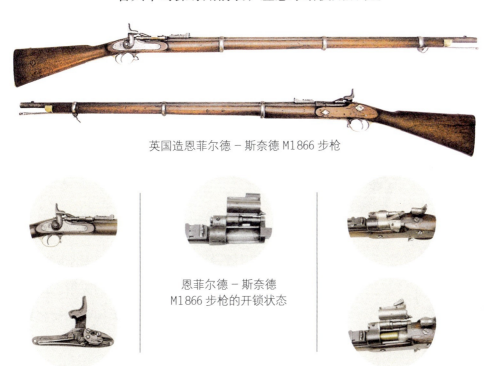

英国造恩菲尔德－斯奈德 M1866 步枪

恩菲尔德－斯奈德 M1866 步枪的开锁状态

英国恩菲尔德－斯奈德 M1866 步枪细节及外击锤组件

恩菲尔德－斯奈德 M1866 步枪的闭锁待击状态和装弹过程

早期博克塞底火的斯奈德枪弹剖面（口径 14.7 毫米，全弹长 62 毫米，弹壳长 51 毫米，黑火药 4.6 克，弹头质量 31.2 克，步枪初速 380 米/秒）

美国海军试装过的李氏步枪

1883年,江南制造总局仿制出美国海军1879年试验过的0.45英寸李氏步枪,到1892年共仿制1700~2000支。产品不成熟,故障多,搁置。詹姆斯·帕里斯·李系加拿大籍英裔在美国工作的工程师,该枪闭锁供弹机构方案是世界上最先提出的弹匣供弹方式,未被美国采纳,未能推广应用;但被英国李-梅德福德步枪吸取,获得实用。

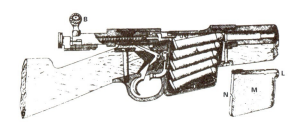

1879年李氏步枪机构草图

中国人当时敏锐地决定仿制美国海军刚刚装备试验的弹匣供弹方式步枪是一个有眼光的决策。由于自身武器发展技术基础不足,未能像奥匈帝国曼利夏步枪和英国李-梅特福德步枪一样稳健迈上实用步枪发展之路。

英国 MK Ⅰ 马蒂尼－亨利步枪

1876年，山东机械局仿制过英国 MK Ⅰ 马蒂尼-亨利步枪 4000 支左右。其口径 11.43 毫米，质量 4.7 千克，枪长 1257 毫米，管长 850 毫米，初速 412 米/秒。

英国马蒂尼－亨利步枪

英国马蒂尼－亨利卡宾枪

英国马蒂尼－亨利步枪的枪弹及装填

英国马蒂尼－亨利步枪局部剖视

英国马蒂尼－亨利步枪的多边形膛线

德国 M1871 步枪

1883 年，江南制造局开始仿制德国 M1871 步枪。该枪是当时世界上最先进的，中国是最早的国外订户，订购量也最多。原装的和仿制品，统称为"单响 11 毫米步枪""老毛瑟"。此枪已经采用了中心发火定装枪弹，内装的是黑火药，没供弹机构，只能人工单发塞入弹膛；退壳采用装在机头上的弹性拉壳钩，随枪机后退抽出射后弹壳，但没有退壳挺，射后弹壳有时需要反转枪身倒出来才行。四川机器局于 1903—1910 年仿制出德国 M1871 步枪 5386 支。

德国 M1871 步枪：口径 11.15 毫米，弹头初速约 435 米 / 秒，全枪长 1341 毫米，枪管长 855 毫米，全枪质量 4.7 千克；卡宾枪全枪长 994 毫米，枪管长 485 毫米，全枪质量 3.6 千克。

德国 M1871 步枪

德国 M1871 步枪打开枪机状态

德国 M1871 步枪枪机的受力情况

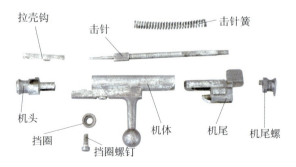

德国 M1871 步枪枪机可分解零部件

中国后装抬枪的制造

抬枪是一种枪管超长的枪。需要两人抬着使用，因又重又长而得名，俗称二人抬。抬枪始于 19 世纪流行于欧美的船枪（平底船上用于射杀集群水禽的大口径霰枪）。中国清朝道光年间首先出现的是前装的滑膛枪、散装黑药、火绳点火；19 世纪 60 年代后，各地开始制造各种类型火帽发火的前装抬枪和定装弹的后装抬枪。由于从弹道学上讲，枪管长度越长，发射出去的弹头速度越高，射程越远；但枪管长度增长速度增量越来越小，而且枪管过长，全枪质量大会损失机动灵活性能，所以枪管超长的抬枪并不科学。后装抬枪的闭锁方式都是简单的枪机回转，或者是当时的德国 M1871 步枪、英国李氏步枪的枪机简化。其中，除金陵、四川、北洋、湖南 4 个机器局的总产量分别皆在 1000 支以上，其余各局产量仅数支到数百

抬枪的使用示意图

支。1861—1911年间共生产了10185支。在抗日战争中敌后游击队也曾少量用过。

抬枪品种诸元相差很大，如江南制造局造边缘发火弹的后膛抬枪，口径15.9毫米，枪全长2445毫米，全枪质量13.2千克，独丸铅弹子质量231克；山西机器局造抬枪口径25毫米，枪长2200毫米；湖南机器局造抬枪，全长2032毫米，独丸铅弹子质量52.2克；陕西机器局造抬枪，口径41.3毫米，枪长1588毫米，全枪质量14.14千克。

抬枪的机动方式（1899年山西机械局造）

后装独子抬枪（1896年天津南局造）

后装独子抬枪的枪机
（1896年天津南局造）

天津造后装独子抬枪上的铭文

法国军事博物馆的中国火绳抬枪

后装独子抬枪（1896年天津南局造）

2

奥匈、德国初期
弹仓步枪的仿制

弹仓步枪在中国仿制的开篇——奥匈 8 毫米曼利夏步枪

1891 年，江南制造总局仿制出的中国第一支弹仓式步枪是奥匈 M1888/90 曼利夏 8 毫米 5 发弹仓步枪。第一年制出样品 6 支，1892 年 9 月，改成 5 发弹仓 6 响步枪，当年制出 460 支，1893 年制出 578 支，1895 年制出 1224 支，最多的是 1899 年制出 1980 支，此后转入仿制毛瑟枪。

奥匈 M1888/90 步枪采用机体直拉式前端锁块摆动闭锁机构（M1888 是后端锁块），闭锁动作是通过操控拉机柄，迫使枪机下方的楔闩体卡入机匣内的卡槽来实现的，枪机上的所有零部件在运动过程中都不转动；采用 5 发固定弹仓，通过漏夹向弹仓压弹，而且漏夹能从任一端插入，克服了 M1888 漏夹只能从一端插入的缺点。其主要缺点有两点：一是没有拉壳钩，存在退壳困难的问题，只有弹壳和弹膛配合非常好的少数弹退壳比较容易，多数情况需要往外抠出弹壳，很费事；二是楔闩体闭锁机构后，枪机能活动，容易出现闭锁不严实的情况。

前期生产的奥匈 M1888/90 步枪，由于机构动作可靠性欠佳，退壳困难，都卖到了国外。

奥匈 M1888/90 步枪发射无烟火药的 8×50 毫米曼利夏圆头弹，全弹质量 26.5 克，无烟火药 2.1 克，初速 645 米/秒，全长 1280 毫米，质量 4.4 千克。曼利夏 M1890 卡宾枪，初速 579 米/秒，5 发固定弹仓，全长 1003 毫米，质量 3.0 千克。

奥匈 M1888/90 曼利夏 8 毫米步枪

1890年后，1864年成立的斯太尔公司主动与曼利夏公司合作，对M1888/90步枪进行了革命性改造，采用机头回转式闭锁，并将机头上的闭锁突笋由后方移到前方，使闭锁可靠性大为提高，解决了闭锁与退壳难题。1895年奥匈军队才正式列入装备使用，命名为奥匈M1895斯太尔-曼利夏步枪。在第一次世界大战中，此步枪是奥匈、瑞士、意大利、加拿大等军队的主用步枪。到1918年的总产量超过300万支。瑞士仿制后称为斯迈德-鲁宾步枪，加拿大仿制后称为罗斯步枪。

该枪结构上除了盒式弹仓供弹、枪机直拉回转闭锁特点外，另一个亮点就是只有完全闭锁后，才能击发，确保射击安全。

奥匈M1895斯太尔-曼利夏步枪曾经流入中国，

奥匈M1888/90曼利夏步枪剖面

奥匈M1888/90曼利夏步枪用8毫米枪弹

奥匈 M1895 斯太尔 - 曼利夏步枪

袁世凯是它的忠实"粉丝","小站练兵"时就购进了6500支,后来更是"北洋六镇"的两大主力步枪之一(另一款是日本的三十年式/金钩步枪)。第一次世界大战结束后,该枪通过军火贩子继续输入中国,多为北洋系军阀所有。抗战开始时变为杂牌军使用,后来日军也给伪军装备了很多。

奥匈1895步枪:发射 M1895 8×56 毫米尖头弹,发射药量 2.66 克,弹头质量 15.81 克,初速 645 米/秒;全枪长 1270 毫米,枪管长 762 毫米,全枪质量 3.8 千克,表尺射程 300～2000 米。

奥匈 M1895 卡宾枪:装备特种兵,可以装刺刀,初速 579 米/秒,5 发固定弹仓,全长 1003 毫米,质量 3.4 千克;直拉式枪机虽然操作比较费力,但战斗射速比其他步枪都高,可达 30 发/分。

奥匈 M1895 斯太尔 - 曼利夏步枪使用的 8×56 毫米枪弹

弹仓步枪在中国仿制的成功——
德国 7.92 毫米 M1888 委员会步枪

中国仿制的德国 M1888 步枪的官方名为"汉造七九步枪","七九"指的是步枪口径 7.92 毫米。仿制工作启动于 1893 年湖北枪炮厂（后改名汉阳兵工厂），采用进口材料，正式仿制出采用无烟药的德国 7.92 毫米 M1888 委员会步枪。1902 年达到了日产 50 支的生产能力。中国人称原枪为"老套筒"，仿制时去掉了原枪枪管外面的套筒，称为汉阳造步枪，简称"汉阳造"。1893—1909 年，汉阳兵工厂共产 13.61 万支。1912—1928 年汉阳造产出 60 余万支，1928 年日产达到 100～120 支。1934—1936 年产出 11.52 万支。1937 年，汉阳兵工厂的造枪厂迁移到重庆，迁移之前，共仿制 876316 支。枪上标志为空心五星，并打有民国年号。迁移后汉阳兵工厂（后续 21 分厂）1939—1944 年共产 20.68 万支。枪上刻有"汉式"及 21 厂标志。不算国内其他各厂仿制数量，仅汉阳厂先后就造出了 108 万支。

仿制德国 M1888 步枪的还有上海江南制造局，从 1897 年开始到 1904 年产 2 万多支；广东、福建、江西等机械局在辛亥革命后仿制过，批量不大；赤水兵工厂、贵州兵工厂、重庆武器修理厂及太原兵工厂在民国时期曾有仿制；抗日战争爆发后，西北制造厂西迁内地之 4 个分厂及以后复建的西北制造厂也曾仿制到 1948 年。

德国 M1888 步枪在其国内制造持续时间不到 10

中国仿制德国 M1888 马枪（1903 年造）

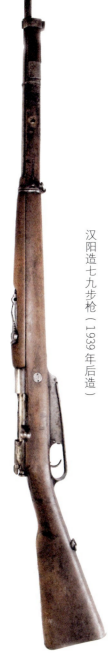

汉阳造七九步枪（1939年后造）

年（装备用到第一次世界大战），仿制的"汉阳造"步枪前前后后在中国使用了50多年，是中国大批量制造的最早无烟火药小口径步枪（之前的口径都是10毫米以上），它是中国1949年前生产量最大的步枪型号，它的仿制持续时间最长，仿制总量至少有120多万支。在中国人民心目中它是国造武器的第一号，在辛亥革命中立下了功勋，成为新中国成立前兵器文化的历史印记！

在中国50多年的仿造过程中，不断严格材料控制，改进工艺，修改产品设计，不断提高步枪质量。从开始仿制起，中国的兵工技术人员经过仔细研究并经张之洞批准，首先去掉了原枪枪管外面的套筒，增加了上护木，枪管外径由13.4毫米加粗到14.8毫米。1910年，将直立式框形表尺（分划5～20）改成德国M1898步枪上的弧形表尺（分划1～20）。1913年，刺刀座由头箍的侧面改到枪口正下方。1930年，对节套、枪机、刺刀的热处理工艺革新成渗碳淬火一次完成。M1888步枪在中国延续50多年，与汉阳兵工人的"仿中创"，不断提高质量密不可分，与中华民族的创新精神密不可分！其中的技术方面突出贡献者文献记载甚少，当时的领工余庆鳌是一个代表。汉造七九步枪的弱点是拉壳钩比较单薄，弹性容易减小，造成抽壳滑脱。

从部队装备数量上讲，M1888步枪的进口原型和仿制型曾是很多中国军队的主用步枪。例如，1945年2月一份报告中表明，原国民革命军第17军总员额18103人，装备步枪5337支，其中M1888步枪竟有2567支,占48%,余下品种都是杂牌,都不如它多。

许多纪念性石雕是重大历史事件的追溯和永久的记忆。雕塑中枪杆子具体形象往往是某种步枪的抽象。

凝视武汉湖北省总工会大院内的"辛亥武昌起义工程营发难处"纪念碑:由麻石雕刻的三支步枪组成。步枪原型是汉阳造步枪。

凝视江西省南昌市市中心人民广场南端的八一南昌起义纪念塔:塔顶由直立的花岗石雕成的步枪和红色花岗石拼贴的中国人民解放军军旗组成。可以看出步枪原型是汉阳造步枪。

凝视北京天安门广场中心的人民英雄纪念碑:下层金刚座束腰部有8块巨大的汉白玉浮雕,生动地表现出我国近百年来人民革命的伟大史实。其中"武昌起义"中可以明显看出步枪原型是汉阳造步枪,在"南昌起义""抗日游击战争""胜利渡江"三块浮雕中都有步枪出现,依据历史情况判断,汉阳造步枪仍然是其原型之一。

汉阳造七九步枪分解图

辛亥革命军背着汉阳造七九步枪在汉口与清军作战

20世纪的中国书刊影视作品中经常提到"毛瑟88（应为德国88）""老套筒""汉阳造"枪名，已经成为涉及战争武器方面的历史热词。2011年5月，湖北省的影视人以《汉阳造》为片名的电视剧，就是以"汉阳造——中国第一枪"为主线展开的历史大戏，剧中表现了近现代中国波澜壮阔的兵工史、革命发展史，成为中国共产党建党90周年和辛亥革命百年纪念的献礼片。

汉阳造七九步枪的诸元如下：

枪弹：仿制德国7.92×57毫米M1988圆头弹；

步枪：全枪长1250毫米，全枪质量4.06千克，枪管长740毫米，初速640米/秒，刺刀全长517.5毫米，刀身长395毫米，刀重0.57千克。

卡宾枪：全枪长955毫米，全枪质量3.4千克，枪管长442毫米，初速600米/秒。

八一南昌起义纪念塔

"辛亥武昌起义工程营发难处"纪念碑

中国军人手中的汉阳造步枪

北京人民英雄纪念碑基座上的武昌起义浮雕

德国 M1888 委员会 7.92 毫米步枪

德国 M1888 卡宾枪采用弯拉机柄（便于携行）

德国 M1888 步枪利用漏夹装弹

德国 M1888 步枪的枪机部件

德国 M1888 步枪的不完全分解

装备德国 M1888 委员会步枪的德国士兵（1915年）

清末肃亲王善耆家庭合影中少年手持德国 M1888 委员会步枪
（彭鹏供图）

3

6.8毫米元年式步枪的萌动

6.8 毫米光绪三十三年式步枪

1898年6月，洋务运动中的洋务派就曾提出：统一全国枪炮、子弹规格。选用比日本、英国小口径步枪口径稍大，比德国步枪口径稍小的6.8毫米口径枪弹；湖北枪炮厂造毛瑟式步枪，上海机械局造曼利夏式步枪，北洋机械局造6.8毫米子弹。

1903年，两江总督张之洞会同直隶总督袁世凯提出，拟定全国步枪采用6.8×57毫米尖头枪弹（弹头质量9.01克，弹头直径7.04毫米，初速650米/秒）。当时认为7.9毫米口径之利是对人马杀伤力大，之害是穿透力小，增加穿透力要增加装药，会增加枪重。6.5毫米口径之利是穿透力大，弹头轻，之害是杀伤力小。兼顾杀伤力和穿透力6.8毫米最好。同时委托日本东京炮兵工厂生产6.8毫米的三〇式步枪，1904年定名为"光绪二十九年6.8毫米步枪"。随着日俄战争爆发，光绪二十九年6.8毫米步枪和枪弹不了了之。

此后，清政府一方面向德国订制了一批新式毛瑟M1904步枪，德国按交货期称为"毛瑟M1907"中国合约步枪。由于清政府已经油尽灯枯，付款延迟，1910年交货，并以此在机匣左侧打上钢印。由于未能付清余款，相当一部分没有运交中国，留存仓库。第一次世界大战爆发后，经扩口径为7.92毫米和更换表尺，配发给了德军。

另一方面着手国内自己制造。1905年3月12日，广东制造局向德国侣佛厂订购每日可造"5响毛瑟无

日本造光绪二十九年6.8毫米步枪

烟药快枪 25 支之新式造枪机（注：德国 Gew98 步枪，国际上通称为德国 M1898 步枪），及每日能造无烟药枪弹 25000 颗之造弹机，大小共计 400 余具，共 66 万 7 千余两白银。"1906 年到货后，广东制造局开始摸索在 7.92 毫米 M1898 步枪基础上缩小口径的新枪，称其为光绪三十三年（1907 年）式步枪。当时全称为"光绪三十三年六米厘八新式五响无烟快枪"。

仿制穿插改进并非易事。直到 1910 年 12 月，广东制造局因火药制造工艺问题，始终无法制造出合格的 6.8 毫米枪弹，又向德国求援，援助前提是先从原厂购买此种药 100 吨，再添购机器，又花费价款白银 34600 余两。用上进口火药后，才开始量产。

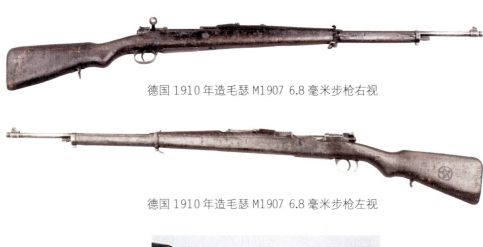

德国 1910 年造毛瑟 M1907 6.8 毫米步枪右视

德国 1910 年造毛瑟 M1907 6.8 毫米步枪左视

毛瑟 M1907 6.8 毫米步枪铭文

德国 1910 年造毛瑟 M1907　　宣统三年式 6.8 毫米步枪局部
6.8 毫米步枪铭文

　　光绪三十三年式步枪，使用 5 发弹仓供弹，发射 6.8×57 毫米尖头枪弹，膛线右旋 4 条，缠距 216 毫米，初速不低于 650 米 / 秒；枪全长 1245 毫米，枪管长 782 毫米，枪全质量 3.63 千克 (不含刺刀)。

　　除广东制造局外，江南制造总局对光绪三十三年式步枪也进行过少量制造和改进，其枪的两侧有握把凹槽，枪身有横栓，枪管加长 39.3 毫米，枪托加长 44.2 毫米，口径 6.8 毫米，称为"沪六八步枪"，后期正式命名为"6.8 毫米宣统三年式步枪"，与其他兵工厂生产的"光绪三十三年式"步枪有所不同。

6.5 毫米宣统三年式步枪

清朝晚期政局动荡，国内军阀林立，清庭陆续对湖北、四川、广东等大省兵工生产失去了控制，造成光绪三十三年式步枪和步枪弹的生产及列装始终无法入轨。

1911 年，江南制造局独自仿制了毛瑟为瑞典设计的 6.5 毫米 M1892 毛瑟步枪，其枪管比宣统三年式步枪稍长，发射德国 6.5×55 毫米毛瑟 M1892 步枪弹，命名为"6.5 毫米宣统三年式步枪"。放弃 M1904 步枪弹，是考虑 6.5×55 毫米枪弹早已流通到很多国家，如德国、葡萄牙、瑞典、卢森堡、墨西哥等，而且一直在大量生产使用，一旦国内无法实现自我供应，还可以通过外购获得枪弹。

"6.5 毫米宣统三年式步枪"与德国 M1898 系列步枪比较，枪机及其他一些重要零部件的设计除了因口径需要有所改变外，均相差无几，可算是当时国产步枪中金属材质和做工都相当好的步枪。

6.8 毫米元年式步枪

晚清，兵工界上层试图将光绪三十三年式和宣统三年式步枪实现国产化、制式化，并实现有限的列装。一方面光绪三十三年式步枪配备的 M1904 步枪弹所用的弹壳，可以借用已经长期生产的"汉阳造"步枪弹设备进行生产，可以尽可能地节约资金投入；另一方面，宣统三年式步枪的长枪管具有射击精度高的优点。1912 年，广东兵工厂集两枪之长，重新设计定型一种使用宣统三年式长枪管的光绪三十三年式步枪。陆军部军械司定名为元年式步枪（1912 年为中华民国元年），口径定为 6.8 毫米，理由是"此种枪弹对于中国军人体格，尤为适宜"。到 1913 年 3 月，广东兵工厂已达日出 6.8 毫米步枪 20 支，日出相应子弹 35000 发。四川兵工厂每年能生产元年式步枪 15000 支，相应子弹 750 万发。汉阳兵工厂规模大，经费短缺，无法进行生产线改造，未能生产。

元年式 6.8×57 毫米枪弹：尖头，弹头质量 9.01 克，弹头直径 7.04 毫米，初速 650 米/秒。

元年式 6.8 毫米步枪：全长 1290～1292 毫米，枪管长 738～765 毫米，瞄准基线长 654 毫米，全枪质量 4.1～4.3 千克。

元年式 6.8 毫米骑枪：全枪长 1055 毫米，枪管长 440 毫米，全枪质量 3.6 千克。

中国元年式 6.8 毫米步枪（广东兵工厂 1916 年造）

7.92毫米四年式步枪——
元年式步枪的归宿

四川兵工厂造 7.92 毫米四年式步枪

1914年,广东兵工厂鉴于国内外的7.92毫米枪弹流行趋势,自行放弃了6.8毫米元年式步枪的口径,将元年式步枪改成了发射7.92×57毫米枪弹的步枪,12月已达月产320支。

1915年,陆军部迫不得已,顺势发布要求,将元年式步枪口径改为7.92毫米,称为"7.92毫米四年式步枪"。广东兵工厂1915年出厂6200支,7.92×57毫米毛瑟子弹180万发。广西兵工厂立即响应,之后四川兵工厂等相继停产了6.8毫米元年式步枪。

四年式步枪的外形逐步向德国M1898毛瑟步枪靠拢,除口径改为7.92毫米外,还将枪管截短,斜板滑动表尺改为与M1898相同的浅弧滑动表尺。

四年式步枪:枪管长730毫米,全枪质量3.9千克,初速810米/秒,表尺射程2000米。

1928年,河南巩县兵工厂也开始生产7.92毫米口径的元年式步枪,与其他兵工厂生产的元年式步枪不同,该厂没有生产7.92毫米口径的元年式步枪枪管,而是利用了大量"汉阳造"步枪的现有枪管;机匣经过部分改造,换用M1898步枪的双排交错弹仓,机匣上方增加桥夹插槽,取代汉阳造步枪的外露单排弹仓。

巩县兵工厂造四年式步枪的全长1255毫米,枪管长740毫米,空枪质量4.08千克,零配件与其他厂的"四年式"基本相同。由于"汉阳造"枪管的膛线比"元年式"略浅，该枪只能使用"汉阳造"的88式圆头步枪弹，而不能使用威力更大的S型轻尖头弹。该枪日产1支，年产300支左右。

总之，20世纪初中国官方的步枪制式化因时局动荡，军阀割据，未能实现。

4

中国 7.7 毫米快利步枪的夭折

中国 7.7 毫米快利步枪的夭折

1891年，两江总督李鸿章因见江南制造局所造枪支均是旧式，亦不适用，乃饬令江南制造局参照当时世界上出现的奥匈曼利夏、德国委员会和英国李氏等弹仓步枪研制新枪，造出中国的第一支弹仓步枪，称为"快利连珠后膛步枪"。1891年首批样枪6支。初步射击试验，在180米距离上穿透5毫米厚钢板和紧贴在后面的5厘米厚木板。270米距离上穿透7毫米厚钢板，穿透13.2厘米厚木板。

江南制造局的快利步枪逐年产量

年份	产量（支）
光绪十七年（1891年）	6
光绪十八年（1892年）	460
光绪十九年（1893年）	578
光绪二十年（1894年）	1224
光绪二十一年（1895年）	1106
光绪二十二年（1896年）	1396
光绪二十三年（1897年）	1473
光绪二十四年（1898年）	1980
光绪二十五年（1899年）	1800
光绪二十六年（1900年）	1504
光绪二十七年（1901年）	78
光绪二十八年（1902年）及以后	0
总计	11605

1897年，晚清政府组织上海造的快利步枪与汉阳仿造德国M1888步枪的对比试验，快利步枪不争气，"直拉式枪机，当枪机受热膨胀时，进退均涩，手力

不足,每须佐以足力",竞争失利。此后,江南制造局不服气,努力进行精细加工并持续生产三年多,军方不买账,1901 年收尾,当年只出了 78 支。快利枪一共生产了 11605 支。

快利步枪弹采用黑火药与无烟火药两种(为节省无烟火药,黑火药作射击练习等用)。快利步枪的节套(枪管与机匣连接件)采用的是奥匈 M1888 步枪结构。快利闭锁机构不是枪机旋转后拉,而是前后直拉式,枪机外形结构与奥匈 M1888 步枪的枪机一样,枪机后下方有一锁块,锁块前端紧抵枪机下方向后缺口,锁块后端可以向下摆动并坐落到机匣凹槽内,支撑枪机抵挡膛内燃气膛压,实现闭锁;锁块后端摆动动作通过操控拉机柄来实现;枪机在开闭锁过程中都不发生转动。快利供弹机构采用德国 M1888 步枪结构,5 发容量的固定型匣式弹仓,通过漏夹送出的枪弹向膛内推进,漏夹不用区分上端下端都可插入匣式弹仓(原来只能从一端才行)。

快利步枪(1897 年制造)

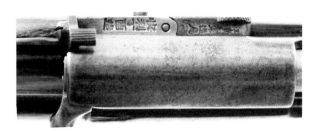

快利步枪中段放大

奥匈 M1888 步枪枪机（上）与快利步枪枪机（下）的对比

快利步枪的枪机

奥匈 M1888 步枪的机匣（上）与快利步枪的机匣（下）俯视的对比

快利步枪的机匣（上）与奥匈 M1888 步枪的机匣（下）右视的对比

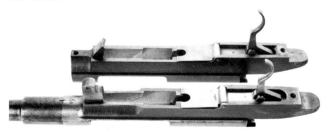

奥匈 M1888 步枪的机匣（上）与快利步枪的机匣（下）仰视的对比

奥匈M1888步枪（上）、快利步枪（中）与德国M1888步枪（下）的托弹机构对比

奥匈M1888步枪（左）、快利步枪（中）与德国M1888步枪（右）的托弹机构对比

快利步枪是中国设计的第一种弹仓步枪，用国产钢材制造。刚冒头的新枪总要获得一些好评。据《中国近代兵器工业档案史料（一）》中记载：光绪十九年（1893年）李鸿章与刘坤一奏称："今年五月间，日本陆军中将川上操六游历来津，试放此枪，动色叹羡，谓彼国中村田大厂所造，殊不能及，乞取两枝以为标准。"后来快利步枪在中日甲午战争中被应用到实战，也曾得到好评。1895年9月25日，时任两江总督刘坤一在上报奏文中也说："上海制造局所造快利步枪能兼洋枪其长，历试有效。"

1897年（光绪二十三年）后，局面转向不利。

1900年1月9日，端郡王戴漪向皇太后奏文："窃查虎神营前调到江南制造局所制快利步枪二千支，昨经奴才等派员试验，大半机簧不灵，甚至接笋不密，火由缝出，致伤兵丁，及甫经钩机，簧即进碎之弊。"

徐林先生曾对快利步枪专门做过调研，他从《江南制造局记》卷三中查得快利步枪后续：1902年，时任两江总督张之洞奏称"该局上年停造快利枪支，专造小口径新毛瑟枪（M1888步枪）。从前局内造存快利枪二千余支。如将机簧、弹仓等件改换新式以防走火，尚可设法办理。惟欲腾出机器人工，即须停造毛瑟枪半年，方可从事，每枪修改工料，较原枪造价加倍。现在赶造新枪方虞不敷，若以修改旧日之快利枪致停新工半年，且又一枪而费两枪之工料，实觉无此办法。拟请按照西法，将局存快利枪二千余支一律注明报废，遇有请领者不再发给，即免枪式杂出，子弹纷歧之弊，亦免沿习搭用，日久走火之虞。禀请奏咨并行知各军，如原发药弹用完者，即一体缴换等情前来。"

徐林先生对快利步枪非常热心，他发现一支丁酉年（光绪二十三年，1897年）造，枪号为1047的快利步枪存储于英国国防部样本局（MOD Pattern Room）内，是八国联军侵占北京时英军缴获获得的。他对此实物曾进行过认真检验。另外，他自己在美国市场上搜觅购买了两支，也是丁酉年造，枪号分别为862与877，制造日期比英国的那支大概早一个多月。这两支中862完好，877枪漏夹卡笋丢失。除此之外，两枪的总体状态相对很好，膛线保存得也不错。

快利连珠枪：枪弹仿自英国0.303英寸MkIc枪弹（7.7×56毫米），2.1克无烟火药，钝圆头，全弹质量36.5克，初速600米/秒，匣式弹仓容弹5发；全枪质量4.0～4.3千克，全枪长1323～1410毫米。

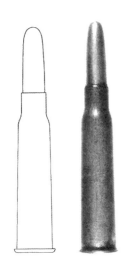

快利步枪的弹膛铸模及实物照片

使用快利步枪的清末淮军训练间隙

肩扛快利步枪的晚清士兵

关于快利步枪所用枪弹,通过美国弹药收藏家伍丁(W.H.Woodin)手中的几颗实物,以及枪械专家徐林对英国国防部样本局所存快利步枪所做的弹膛铸模测试得出的数据判定:快利枪弹为7.62×55毫米圆头弹。这与江南制造局原本仿制英国0.303英寸MkⅠc枪弹的尺寸基本吻合。(本章材料主要由徐林先生提供)

5

德国7.92毫米M1898步枪的仿制与改良

德国 M1898 步枪系列

德国 Gew98 步枪（国际上称为德国 M1898 步枪）从 1898 年到 1918 年约生产了 500 万支，是第一次世界大战德军主用步枪。战后继续使用其缩短型，是第二次世界大战德军主用步枪，生产总量 1460 万支以上。在两次世界大战中大规模采用它的国家有 23 个，各种大同小异的型号超过百种，著名的美国斯普林菲尔德步枪、英国恩菲尔德 P14 步枪、奥地利 M1912 步枪中都能找到它的架构基因，它在步枪发展史上占有举足轻重的地位。德国 M1898 步枪及其衍生品是 20 世纪战斗步枪的主流，是弹仓步枪中公认的经典。

在辛亥革命以来的中国国内革命战争、抗日战争、解放战争，直到朝鲜战争中，进口、仿制的 M1898 及其系列步枪是最受欢迎的步枪。

M1898 步枪诸元：弹仓容弹 5 发，以发射 7.92×57 毫米重尖枪弹为主，枪管长 740 毫米，初速 840 米/秒（sS 型重尖弹）或 870 米/秒（S 型轻尖弹）；全枪长 1250～1255 毫米，全枪质量 4.1 千克。

M1898 步枪

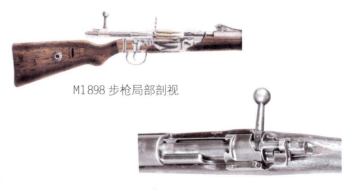

M1898 步枪局部剖视

M1898 步枪顶视

M1898 步枪的枪机取出

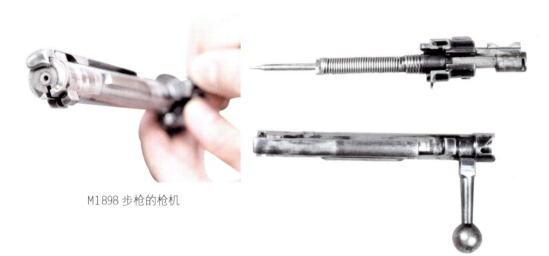

M1898 步枪的枪机

M1898 步枪的击针与枪机分开

M1898 步枪的击针与枪机结合

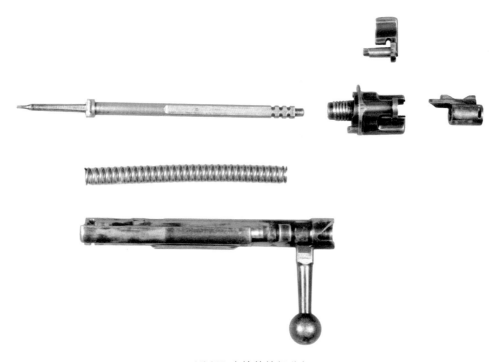

M1898 步枪的枪机分解

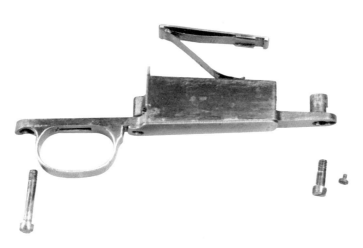

M1898 步枪的弹仓底板

Gew98 步枪（上）、Kar98 卡宾枪（中）与 Kar98A 卡宾枪（下）对比

M1898 步枪的轻尖弹（左5发）和重尖弹（右2发）

20世纪前半期，中国在进口或仿制德 M1898/Gew98 步枪系列上，除了 M1898 本型之外，其他相近型号的步枪也不少。

德国 M1898 步枪系列全貌：

Kar98："Kar" 是 "Karabiner" 的缩写。Kar98 是与 M1898 步枪匹配的卡宾枪，1899—1903 年间制造，装备骑兵、炮兵和工兵等部队。枪全长约 870 毫米，枪管长约 470 毫米，准星位于枪口上端，准星护翼前部与枪口平齐。不考虑刺刀的安装。

Kar98A："A"表示能安装刺刀。1908年，德军考虑步兵改用长度较短的 Kar98，但需要安装刺刀，准星座缩小，枪托的头箍改成与 Gew98 一致。

Kar98Kruz：是为了保持威力、经济快捷，只将 Gew98 步枪枪管截短 140 毫米，能装刺刀的步枪。显然属于过渡型号。因为卡宾枪 470 毫米长的枪管太短，射程过近，射击时后坐力和枪口焰都太大，命中率较低，不能满足作战需要。在步枪与卡宾枪之间采用 600 毫米左右长的枪管既能满足作战需要，又能有效地减少枪长；虽然比步枪的枪管缩短了 140 毫米，但射击精度可在接受范围之内，不用更换现有表尺。

Kar98AZ：是在总结 Gew98、Kar98、Kar98A 和 Kar98Kruz 使用经验的基础上，于 1908 年重新设计的新步枪，到 1918 年停战前 3 家工厂（埃尔福特、阿姆伯格和但泽）共出厂约 50 万支。"A"是指能够安装刺刀，"Z"是指枪口处装有架枪杆。除 A 和 Z 的区别外，机柄向下弯曲，枪托下方的背带环改在了托左侧，准星有了护翼，表尺斜坡改小。该枪的枪口处有架枪杆，便于士兵在休息时将多支步枪架在一起。后来的步枪被突出于下护木前端的通条取代。全枪长 1100 毫米，枪管长 600 毫米，准星座、刺刀座和木托头箍改进，表尺滑板改用浅弧形。在第一次世界大战中广泛装备骑兵、炮兵等，后来逐步扩大，乃至步兵。该枪在使用圆头枪弹阶段效果好，改用尖头枪弹后不适应。

Kar98b（Kar98a 指的是第一次世界大战前的卡宾枪 Kar98A 和 Kar98AZ）：是第一次世界大战后，定型的卡宾枪第二型，常被外界俗称为 98k。从 1922

年开始，大多由原Gew98改装而成：采用弧形滑板表尺；弹仓内的托弹板附加上了空仓挂机功能。改装的机匣左侧打有"Kar98b"和制造年份"1918/26"；1925年后，少量新产Kar98b的机匣右侧有"S"字母，意思是1926年由Simson公司生产，该公司是《凡尔赛条约》下唯一被允许为德国军队进行轻武器生产的公司。与原Gew98相比，长度未变，质量稍轻，拉机柄改成下弯式，背带环改成侧向携行背带，装备山地部队等。

Standard Model：第一次世界大战后，毛瑟公司总结战场使用情况开发出一种使用600毫米长的枪管，全枪长1100毫米的新式步枪。由于战败的德国受到《凡尔赛合约》的限制，不能大规模制造和出口军用武器。但是德国绕过条约约束，秘密在瑞士克罗伊茨林根建了毛瑟分厂来生产部件，并把生产合同交给比利时、捷克斯洛伐克和奥地利等国，向市场上提供7.92毫米、7.65毫米和7毫米等不同口径的外贸产品。1924年定型为"标准型（Standard Model）步枪"，配用7.92×57毫米S型尖头枪弹。Standard Model步枪，在中国亦称德国M1924步枪，先后出售到中国、比利时、巴西、玻利维亚、智利、哥伦比亚、厄瓜多尔、埃塞俄比亚、伊朗、卢森堡、墨西哥、秘鲁、土耳其、乌拉圭和南斯拉夫等国。各国仿制的Standard Model各有自己的型号，如比利时的FN1924步枪、FN 1924/30步枪、FN 1930步枪，捷克斯洛伐克的Vz24步枪，波兰K29步枪，南斯拉夫M48步枪等。比利时生产时间最长，一直生产到1964年。

1930 年德国军方经过试验对比，正式确定 Standard Model 步枪配用 sS 型重尖弹（弹头 12.83 克，装药 2.84 克）。

98K 与 M1924 的外观差异：98K 的背带环在左侧，M1924 在下方；M1924 的枪托头箍下有阅兵钩（与弹仓下的小孔配合，可将背带固定于枪身下方，因阅兵时平整美观而得名），98K 上没有；98K 的准星有护翼，M1924 则没有。

Kar98Pr：这里的 "Pr" 是 "Postman rifle"（邮差步枪）的缩写。毛瑟公司 1933 年推出，是使用下弯形拉机柄的标准型步枪。

Kar98k：这里的 "k" 是 "kurz(短)" 的缩写。

Kar98k（上）与 Standard Model（下）的枪托比较

1933年希特勒为首的纳粹党掌权，扩张法西斯军队后，1935年6月21日纳粹国防军宣布，将600毫米长枪管的Kar98b正式装备德国陆军，命名为"Kar98k卡宾枪"；并将以前的Gew98、Kar98AZ、Kar98b等大量改造成Kar98k，保留机匣上的原有标记，但在主要的金属部件上都打上Waffenamt（武器局）的铭文。Kar98k成为第二次世界大战主用步枪。1944年当年制造出200多万支Kar98k，年产量达到历史高峰。一共有1460万支Kar98k投入了战场。

Kar98k继承了经典旋转后拉枪机和5发双排交错排列的内置式弹仓；采用下弯式的拉机柄，便于携行和安装瞄准镜；配用斜板滑动式表尺，射程装定从100米到2000米可调，增量为100米；使用机械瞄具时的有效射程为500米左右，装上瞄准镜时，有效射程可以增至900米左右；"V"形缺口式照门，倒"V"形大麦粒式准星，在一些枪上安装有可拆卸的半圆形准星护圈，准星可以调整风偏。

Kar98k步枪诸元：弹仓容弹5发，发射7.92×57毫米枪弹（主用sS重尖弹，必要时可兼容S轻尖弹和J圆头弹），枪管长600毫米，初速745米/秒（重尖弹）或810米/秒（轻尖弹）；全枪长1103毫米，空枪质量3.9千克；配有较长刺刀，全长385毫米，刀身长251毫米，使得全长不比M1898步枪短。

Kar98K步枪与M1898步枪的外观差异：枪管缩短；拉机柄末端向下弯曲，对应枪托部位有凹槽；背带下端不用环圈，直接穿过枪托；枪托上有击针分解孔，供分解击针之用。

M1898 步枪在中国的仿制

中国仿制的 Gew98 步枪（德国 M1898 步枪）始于 1906 年的广东兵工厂。仿制过程中的思路是在不影响性能的前提下，尽量节约资金，尽可能使用现有的"汉阳造""元年式"零部件，如浅弧形滑动表尺、单道头箍、较短的刺刀卡笋等。该枪配用 7.92×57 毫米 M1898 毛瑟 S 型轻尖弹，5 发固定式内置弹仓，可用桥夹装弹，枪管一般长约 740 毫米，全枪长一般为 1250 毫米。此后，中国各省兵工厂皆有仿制，但各厂的仿制成品很少，不成气候。

东三省兵工厂 1924 年开始仿制德国 M1898 步枪，而且加上了类似日本三八式步枪那样防尘盖等少许改进，称为辽造十三式步枪（亦称韩式七九步枪，因时任厂长韩麟春而得名），工艺精良，打磨细致，产量约 14 万支。辽造十三式步枪的缺点是枪机上的机尾套自由转动，没有定位销定位，保险后枪机可能造成不能推入机匣，硬推会使木托损坏。

在当时国民政府控制区之外，中国共产党领导的抗日根据地，在极其艰难条件下同样进行了仿制改进。

1938 年 10 月，中国共产党六届六中全会提出号召，尽量提高根据地军火制造能力，使游击战无军火缺乏之虞。陕甘宁边区机械厂（又称延安茶坊兵工厂）刘贵福等人耗时三个多月，用民兵从同浦铁路等交通线上拆下来的道轨做枪管、节套、枪机和刺刀等，造出一支步枪。1939 年 4 月 25 日，新枪还没有

辽造十三式 7.92 毫米步枪（1924 年造）

辽造十三式 7.92 毫米步枪（中段顶视放大）

命名就赶上边区举办 1939 年延安第一届庆"五一"工业展览会，摆上展台需要有个枪名，由于该枪总长度比三八式步枪稍短，比三八式卡宾枪稍长，属于马步枪，布展人员临时挂上了"无名式马步枪"的展牌。在 2460 件展品中此枪格外引人注目，获得甲等

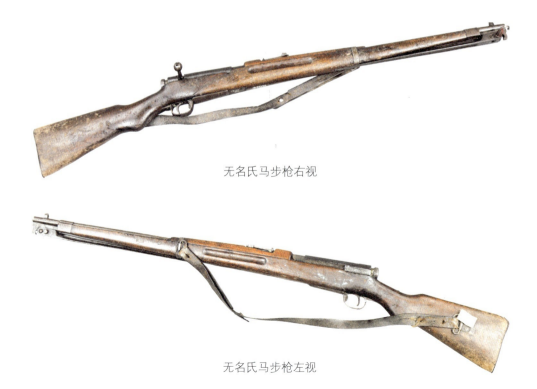

无名氏马步枪右视

无名氏马步枪左视

产品奖，刘贵福被授予特等劳动英雄称号。在获得奖品的毛巾上有毛主席题词："刘贵福同志，你是生产战线上的英雄——毛泽东"。刘贵福的待遇提高到每月津贴50斤小米，5块大洋（5枚银圆）。随后开始小批量生产，月产量最高时达到70支。实际使用中发现手工制作的无名氏马步枪零件尺寸不精准，随枪而异，单件选配，凑起来能打响就行，故障较多，有的射击寿命较短。

1939年6月，中央军委决定整合晋冀鲁豫根据地各修械所，组建大型兵工厂，扩大生产能力，成立了八路军总部军工部。10月刘贵福被调任到位于晋东南太行山腹地军工部下属一所（黄崖洞兵工厂）任副所长，继续组织无名氏马步枪生产。1940年4月，刘鼎被任命为八路军总部军工部部长，听取刘贵福进一步改进无名氏马步枪建议：①进一步缩短枪管，提高适应游击战机动灵活的要求；②三棱刺刀加长，断面改成双翼形，更便于拼刺；③刺刀折回改成自锁式扣紧，平时贴于枪管下，按键解脱后刺刀可以迅速甩动成前伸战斗状态刺杀；④刺刀根部配有架枪钩，便于班组休息时野外架枪；⑤准星改成可调式；⑥改进保险机构操作性；⑦枪托内设有工具盒；⑧在一些零件上减轻重量，简化工艺。经过四个月的夜以继日，试制出了一轮样枪，当时定名为"新七九（口径7.92毫米）步枪"。

1940年8月1日，军工部刘鼎部长将新枪试制情况向八路军总部汇报，彭德怀副司令员、左权副参谋长看到边区自己制造出来的马步枪，连连称赞。刘鼎部长问枪名如何确定？因为当时恰好是"八一"建军节之际，彭德怀批准正式命名为八一式马步枪。此后立即停止了其他步枪的生产，刘鼎部长开始大力推行标准化批量生产方式，将图纸和技术材料发往根据地各兵工厂，统一质量标准体系，工序之间用尺寸样板检验过关，要求枪栓能拿下来互换，使得全边区生产秩序大改观。自1940年8月至1941年11月黄崖洞兵工厂共生产出3000支八一式马步枪。据统计，到1945年8月日本投降，八路军总部军工部各厂共生产8700多支。此枪是各个抗日根据地制造数量最多，使用最广泛，性能最优良的步枪。

枪械专家徐林收藏一支从延安美军观察组成员带回美国的八路军赠品——八一式马步枪，枪号66，生产时间为1943年9月。对八一式马步枪实物照片研究发现，该枪的使用特点如下：一是枪机借鉴了辽十三式步枪的枪机；二是供弹机构采用5发双排进弹

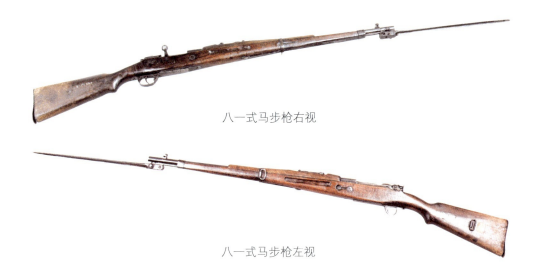

八一式马步枪右视

八一式马步枪左视

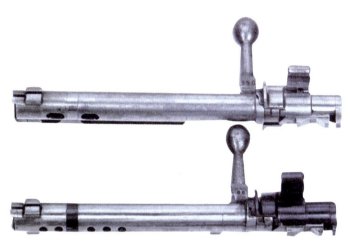

辽十三式步枪的枪机（上）与八一式马步枪的枪机（下）对比

八一式马步枪的刺刀

的M1898步枪模式；三是装有轴销固定于枪口上的折叠式三棱刺刀，刀身较长，利于拼刺，并在刺刀根部配有架枪钩，便于班组休息时野外架枪。

口径7.92毫米，枪长1120毫米，刺刀打开枪长1510毫米，全枪质量3.65千克。

FN1930 步枪在中国的仿制

广东兵工一厂于 1932 年仿制比利时 FN1930 步枪（德国 M1898 的 Standard Model 型），定名为二十一年式步枪（1933—1937 年造出的工厂命名为二十二～二十六式），到 1937 年 6 月改为生产中正式步枪前，总产量 5 万支左右。1937 年 12 月后，该厂西迁到广西融县，月产中正式步枪 1000 支。1939 年底，又迁往贵州，抗战期间，共产出 9 万支左右中正式步枪。

1938 年 1 月，抗战热潮中，新桂系巨头黄绍竑任浙江省主席期间，饬令从杭州撤出机械和人员，在丽水成立浙江铁工厂。黄主席紧催出枪，工厂应急拿出一支比利时 FN1930 步枪（德国 M1898 的 Standard

广东兵工一厂 1936 年造二十一年式步枪

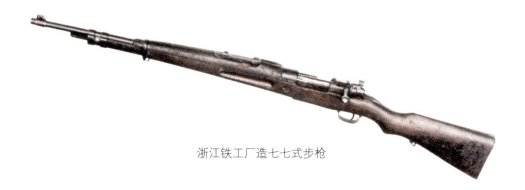

浙江铁工厂造七七式步枪

Model 型号），将铭文印记磨去交差。随后仿制成功，定名为七七式步枪，意为铭记 1937 年 7 月 7 日卢沟桥事变。枪机组件和材料有所简化，与广东的二十一年式类同，与 11 厂的中正式零件不能通用。七七式步枪总产量约为 3.2 万支。

Standard Model 步枪在中国的仿制

巩县兵工厂 1934 年 6 月造出的二四式步枪

1932 年，国民政府军事委员会召开全国制式武器会议，会议决定以德国 1924 年定型的 Standard Model 步枪和 7.92×57 毫米尖头弹为中国制式装备。1934 年，财政部为了武装税警总团，利用向德国采购 1 万支 M1898 Standard Model 步枪的机会索取了全套图纸、材料表和量具。巩县兵工厂（北洋政府曾规划它为较完整的规范厂，1938 年国民政府将其改编为兵工署 11 兵工厂）1934 年开始仿制，1935 年 10 月制出样枪 8000 支，恰值中华民国二十四年，定名二四式步枪。有 8000 支后改称中正式。1937 年，兵工署所属各厂奉命向西内迁，11 厂先到长沙，后到烟溪，1938 年底被日军炸成废墟，共产出中正式步枪 12 万支。1940 年 8 月，11 厂残缺设备并入重庆 21 厂，1941 年 4 月才恢复生产，到 1943 年可以月产 7000 支，在抗战期间出厂 16 万支。另外，还有贵州桐梓 41 厂在抗战期间曾出厂 8 万支。抗战胜利后，各厂继续生产到 1949 年，估计二四式步枪的总产量有 60～70 万支。

二四式步枪的弹仓容量 5 发，发射 7.92×57 毫米尖头轻弹、弹头底部呈裙边状，弹头质量 9.98 克，枪管长 590 毫米，初速 810 米/秒；全枪长 1110 毫米，瞄准基线长 504 毫米，膛线导程 240 毫米，全枪质量 4.08 千克。所配的刺刀长 556～575 毫米，刺刀质量 750 克（钢鞘）或 400 克（皮鞘）。

二四式步枪与 Kar98K 步枪外观差别：枪托上没

有穿皮带的方孔；没有分解枪机用的金属圆孔；拉机柄水平横向伸出。

中国二四式 7.92 毫米步枪右视

中国二四式 7.92 毫米步枪左视

6

日本6.5毫米三八式步枪的仿制及对中国小口径步枪研制的影响

日本三八式步枪

1904—1905年，日本和俄罗斯在中国东北进行了一场利益争夺战，当时日本军队用的三十年式步枪遇上风雪沙尘后，卡壳等故障频发。此后，提高步枪防尘性能被日军提上了议事日程。小仓兵工厂的友坂成章（Nariakira Arisaka，1852—1915)和南部银次郎（Kirijo Nambu，1869—1949）参照德国M1898步枪，进行了以下改进：①吸取了德国M1898步枪闭锁机构精华，将两件组成的机体改为一体化，简单且易于加工；②增加了枪机上的防尘盖；③保险机的操作由钩拉式改成按压式；④机匣正上方有了两个排气孔，用于遇到断壳时放气保安全等。日本明治三十八年（1905年）定型生产，称三八式步枪。中国人俗称"三八大盖"，因其枪机上方有一整块跟随枪栓移动的拱形防尘盖而得名。日本1907—1945年间生产了340多万支，日军装备了近40年。曾作为日军参加第一、二次世界大战的主力步枪。该枪也曾出口到中国之外的其他国家，如第一次大战时俄罗斯购置了至少60万支，英国也曾购买13万支。在中国民兵武器装备陈列馆里还有铭文"PUBLIC A MEXICANA"（西班牙文）的三八式步枪，是当年墨西哥政府向日本购买的。

该枪采用最长的枪管、前方双突笋的回转闭锁、双排单进弹仓供弹、桥夹续装枪弹、击针尾部与保险机构融合。从结构上讲，三八式步枪吸收了德国M1898步枪经验，结构简单、射击精度高、战场勤务性好、枪托的人机接口尺寸更适合亚洲人种。有的功

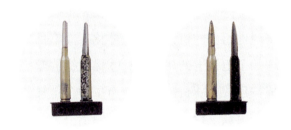

日本三八式步枪与枪弹（步枪结构为德国 M1898 步枪的衍生品）

能改进得好，如开启弹仓的底盖卡笋，由深藏的凹坑式改成扳机护圈前内侧的按钮式，方便安全；有的功能增加得好，如增加了弹罄提示，是后来自动步枪空仓挂机的先驱；但有些设计考虑过细，成效不显著，如采用弓形膛线，弹膛正上方钻有两个排气孔等。使用中反映强烈的是防尘盖的设计比较笨拙，在开拴抽壳送弹的过程中会有响声，对于部队夜间偷袭时的隐蔽行动不利，指挥官通常要命令士兵卸下来。

该枪弹仓容弹 5 发，发射 6.5×50 毫米圆头或尖头枪弹，尖头弹质量 8.9 克，枪管长 769～797 毫米，弹头初速 760 米/秒；全枪长 1275 毫米，全枪质量 3.9 千克。马枪枪管长 463 毫米，初速 730 米/秒，全枪长 961～966 毫米，全枪质量 3.1～3.3 千克。

日本三八式步枪局部

以后派生了几种变形枪，有6.5毫米三八式马枪、6.5毫米四四式马枪、6.5毫米九七式狙击步枪等。

三八式步枪、马枪都配有三十年（1897年）式刺刀，全长525毫米，刀体长400毫米，质量690克。因为日本重视刺刀的作用，在《步兵操典》的纲领中写道："决定战斗最终胜负的方式是刺刀突击"。除了俄罗斯M1891步枪外，它是第二次世界大战时期军用步枪之中最长的步枪（装上刺刀后）。

提到三八式步枪不得说，在1931年到1945年最为惨烈的反法西斯战争中，日本侵略者曾用三八式步枪杀害过无数中国同胞，用刺刀挑死过中国孕妇和婴儿，犯下了滔天罪行。中国人永远不能忘记日本军国主义的罪恶行径，三八式步枪的枪口下挂着日本的"膏药旗"，是中国人心中伤痛。

但是日本鬼子万万没有想到，中国人民缴获过来这种枪，并以其人之道还治其人之身，打得他们举手投降，军国主义的罪魁祸首经过国际法庭审判，被处以绞刑。在东方反法西斯战场上，当年曾广泛流传的歌曲："我缴获了一支三八枪，乌油油，亮光光，把子弹推上膛，仇恨凝在准星上，瞄准侵略者，射向狗豺狼，叭勾嘿，穿它一个透心凉！"一直回旋在中国上空，提醒人们不要忘却过去。

日本三八式步枪印记与铭文

三八式步枪（上）与马枪（下）长度对比

中国的仿制

中国在1949年以前,枪械的仿制对象主要是德国枪械,日本枪械仿制较少。原因是中国自洋务运动以来一直在沿袭德国系列,7.92毫米枪弹已经成为制式,6.5毫米枪弹不得赏识。

从当时各地官方角度,仿制日本步枪和枪弹的以山西最多。山西兵工厂是从1924年开始仿制的,弹膛上方有"晋造"和"六五步枪"铭文,有的在枪号前加一个"田"字,当时兵工厂总办姓田。其他仿制三八式步枪的单位很多,数量很少,多是作坊式生产。

在北京市原方家胡同46号(北京雍和宫大街52号)有个英国人经营的铁艺公司,1940年被日本接管,改名杉浦工厂,1941年再改名为北支那野战兵器厂,拥有2000多人,隶属于日军华北总部。该厂主要为侵华日军维修军械,并利用一些剩余武器配件组装枪械,比较成熟的是北支一九式手枪和北支一九式马枪(日本三十年式马枪)。"北支一九"中"北支"是指"北部支那",即指华北;"一九"是指日本昭和十九年,即1944年。

该厂在石家庄还设有分厂,称为"北支那野战兵器厂石门分厂",原厂址位于石家庄北道岔附近,由日军少校阿贺主持厂务。该厂在为侵华日军维修军械的同时,还利用自有设备生产过"石门阑式"步枪。该枪口径为6.5毫米,全枪长1073毫米,枪管长580毫米,全枪质量约3.5千克,表尺射程2000米;片

晋造(六五步枪)即山西仿制日本三八式步枪(与原枪差别在于准星没有护翼、通条以顶端螺纹旋入枪托固定)

北支那野战兵器厂石门分厂仿制的三八式步枪

状准星,没有护翼,枪全长短于三八式步枪,而长于三八式马枪,其余外部特征均与三八式步枪相似,做工比原厂的三八式步枪逊色很多。主要装备给驻石及周边县城的伪军使用。

北支那野战兵器厂石门分厂造石门阑式步枪铭文

1947年大连五一机器厂仿制过缩短型三八式步枪。枪管长580毫米,枪全长1065毫米。机匣上方有该厂的五角星厂标钢印和两个日式标志性的泄气孔,竖写铭文"德林式"。王德林,1873年生,山东省沂南县人。1895年到吉林谋生。1903年组织数百义民,树起"排俄救国被逼为寇"的大旗,展开反抗帝俄的斗争。1907年所部被吉林督军孟恩远收编。1932年1月,成立中国国民救国军,任总指挥,率部给日本侵略者以沉重打击,振奋了民族精神,对吉林乃至于全国抗战都有很大的鼓舞。2015年被国家列入抗日英烈和英雄群体名录。

尽管三八式步枪中国仿制较少,但它在我军将士中可谓是风靡一时。它在中国的"知名度"之高,很难再找到与之相匹敌的步枪了。究其原因,"三八大盖"在中国人心目中可绝不仅仅是一支普通的枪,这把枪身上浓缩了14年抗战的历史,因此被中国人赋

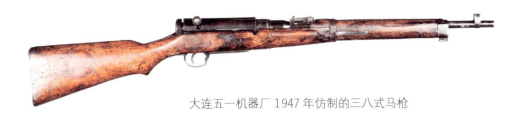

大连五一机器厂1947年仿制的三八式马枪

该枪机匣前端有德林式铭文及五星图案

予了极为复杂的感情色彩。1949年开国大典上的两个步兵方队用的就是三八式步枪,是此前从4个野战军选送的成色最新的。

三八式小口径"流毒"惹麻烦

日本的枪械，从手枪到机枪的研制基本是在仿制基础上改进，但改进水平较差，其中最好的是三八式步枪，在德国M1898步枪的基础上又进一步简化，人机工效得到优化，加工制造工艺得到提升。但在枪弹设计上并不成功，当初设计思想偏好于远距离精度和威力，忽略了400米距离内杀伤效果，经过战场使用给人们的粗略印象是"三八式步枪的6.5毫米口径小，杀伤威力不足"。这种印象曾是中国的小口径步枪研制迟缓原因之一。因为到了20世纪70年代后，一些抗日的老兵晋升为军队团以上各级领导干部，对武器发展的抉择影响力较高。经历过抗日战争的老军人说：三八式步枪6.5毫米弹头的口径小，打到身上常是一个小眼，打到日本鬼子身上，过些天鬼子又回来了，打到我们抗日战士身上，养养伤接着上前线抗日。

当时为扭转军队领导机关中对小口径的抵触情绪，军方论证部门开展了大力宣传工作，他们到军事科学院、总参军训部、总参军务部、总参装备部等部门进行宣讲。还专门印刷了《论小口径步枪优越性》《轻武器发展趋势》等文章。在全国军以上干部集训中，老一代轻武器专家程尔康在"现代轻武器发展"讲座中也不失时机地将小口径观点融入进去。1978—1979年间，主管轻武器的军械部曾多次组织小口径步枪汇报演示。

1978年5月30日至6月12日，在北京郊区的燕山脚下，举行了小口径步枪打肥皂、打猪、打羊的杀伤生物试验表演。副总参谋长李达、张才千和总后副部长张令彬也曾率队观看。当时的试验结论是："新的小口径枪弹的杀伤威力比1956式枪弹有提高，表现为皮肤出口增大，出口皮下死腔增大，弹道周围崩解碎裂的组织（失活组织）增多。弹道创伤的特点是：入口小，出口大，伤道呈喇叭空腔形；弹道周围组织损伤严重，出口皮下形成巨大死腔，内脏器官炸裂严重，急性体内失血可造成动物当场死亡。"眼见为实，见到高初速的小口径弹比普通的7.62毫米枪弹更具有杀伤力，才扭转了许多人脑海中的印象，对高初速的小口径弹在近距离的杀伤作用没有必要怀疑。

其实这里有个误解，三八式步枪口径只比7.62毫米小1毫米多，为什么战场反映效果差得多呢？主要是三八式步枪采用了当时军用步枪中最小的膛线缠距，只有200毫米，其他步枪至少是240毫米。缠距短，射出的弹头转速快，飞行时陀螺稳定效果好。所以该弹在近距离击中目标不易翻滚，传递给目标的能量少，杀伤效果就差，把杀伤力小的原因单纯归罪于口径小，有点冤枉。其实，同样的三八式6.5毫米步枪弹，在远距离击中目标时同样容易产生弹头翻滚。1932年我淞沪抗战部队就曾反映，三八式6.5毫米枪弹的出口创伤显著大于汉阳造7.92毫米步枪弹的出口创伤。

第二次世界大战时主要国家步枪弹口径、初速和缠距

枪弹名称	口径（毫米）	初速（米/秒）	缠距（毫米）
苏联1908式	7.62	840	240
日本三八式	6.5	780	200
日本九九式	7.7	760	328
英国MK Ⅱ式	7.7	730	254
美国M1式	7.62	850	254
德国1898式	7.92	870	240

苏联 7.62 毫米弹仓步枪的仿制

俄罗斯/苏联 M1891 步枪系列

俄罗斯 M1891 步枪

1877 年 7 月至 9 月，俄罗斯 10 万大军在普列夫纳（现保加利亚境内）围攻 3 万土耳其军，由于俄军使用的是伯丹 2 号独子步枪，土军已经部分使用温切斯特管式弹仓步枪，弹仓枪的高射速获得优势，俄军以死伤 3 万人告败。1883 年，俄罗斯总军械部组建了一个由恰金中将领导的弹仓步枪研究试验特别委员会，组织俄罗斯新式弹仓步枪的研制。1885 年官方进行了发射黑火药 10.67×58 毫米中心发火枪弹的步枪选型试验评审。评审工作还未完成，又传来法国定型了小口径 8 毫米无烟火药步枪消息，新火药和弹仓供弹结合在一起时，步枪性能产生一个飞跃——射速提高和杀伤威力增大，新枪方案迅速跳跃出来。1888 年 7 月，恰金委员会再次拟订开发计划，对 7 种无烟药小口径步枪进行评选。1889 年选出了两个方案：一个是莫辛（Sergei Ivanovich Mosin，1849—1902）步枪，另一个是比利时艾米尔·纳甘（Emile Nagant，1830—1929）和莱昂·纳甘（Léon Nagant，1833—1900）兄弟俩的步枪，评选后决定各自生产 300 支到部队试用，两枪都采用无烟火药 7.62×54 毫米带底缘枪弹。试用后，结果两者的战术性能相近，不分伯仲，只是纳甘步枪的弹夹式快速装弹机构速度快，略占优势。评委会以 14：10 投票赞成使用纳甘步枪，但政府出于国家尊严的考虑，希望采用莫辛步枪，最后不得不采用折中办法："建议采纳莫辛设计的 7.62 毫米弹仓式步枪作为军用小口径步枪，同时采纳纳甘

俄罗斯 M1891 步枪全分解

M1891 步枪的枪机推弹入膛

枪机

设计的快速装填弹夹，可以从机匣上方单发或用弹夹装填。"1891 年 4 月 16 日沙皇亚历山大三世颁布命令，定型为 M1891 步枪。俄罗斯人称其为三线步枪（线是俄罗斯长度计量单位，1 线等于 2.54 毫米，三线即 7.62 毫米）。首批 503539 支 M1891 步枪是 1892—1895 年间委托法国夏特罗兵工厂生产和交付的。这批步枪的枪管上有西里尔字母的夏特罗兵工厂厂名和"◎"形贸易标记。同时，俄国内的 3 家兵工厂开始组织生产，到 1914 年第一次世界大战爆发，共生产了 380 万支。十月革命后苏联在 M1891 步枪基础上缩短 163 毫米，定型为 1891/30 步枪，到 1940 年生产 140 万支，1942 和 1943 两年共生产 710 万支。真正停产是 1965 年，该枪是俄罗斯 / 苏联 70 多年历次战争的步兵主用武器，生产总数高达约 3700 万支。

该枪与德国 M1888 步枪相比，整体布局上都是外露式弹仓，定型时间晚 3 年，性能和结构上优化颇多。手动栓式闭锁机构改为机体通过中间件迫使机头回转实现。工艺性、勤务维护性更为简便：M1888 步枪全枪 10 个部件，而 M1891 步枪只有 6 个部件；M1888 枪机 8 个零件，而 M1891 枪机 6 个零件；M1888 击发机构 5 个零件，而 M1891 是 4 个零件；尤其是 M1891 步枪的桥形弹夹比 M1888 步枪的漏夹明显简捷实用，高出一筹。枪管尾部上方标有缩写生产厂名，以及双头鹰徽标和生产年份、枪号。

该枪结构设计中纳甘的贡献在于解决了大底缘枪弹在单排弹仓上弹时底缘相互钩住影响供弹的难题。这在德国 M1888 步枪上是遇不到的，因为其枪弹是无底缘的。纳甘的具体做法是左侧机匣上有退壳挺和隔弹片，用弹夹压弹时，隔弹片深入弹仓，隔弹片像棘轮一样挡住下行枪弹；枪机闭锁过程中，腹部偏心弧面最厚部位推开退壳挺，退壳挺带动隔弹片向外移动，次发枪弹在托弹簧作用下升到进弹口；枪机开锁过程中，偏心弧面最薄部位复位，再阻止后发弹上升。

该枪为 5 发弹仓，发射 7.62×54 毫米带底缘枪弹，枪管长 803 毫米，初速 811 米 / 秒；全枪长 1305 毫米，枪口套装上锥形刺刀后全长 1738 毫米，空枪质量 4.2 千克。

M1891 具体分类如下：

——步兵型为标准规格步枪，配用伯丹分体式四棱锥形刺刀，主要配备给陆军步兵，是1930年前俄/苏步兵的主要武器。生产时间为1891—1928年。

——龙骑兵型为骑马机动的步兵所用，配有上护木和刺刀，除枪管比步兵型较短外，其他结构与步兵型完全相同。生产时间为1893—1932年。

——哥萨克骑兵型为骑马战斗的骑兵所用，机匣上标有"哥萨克"的西里尔文缩写"Каз."铭文。近距离惯用传统的哥萨克马刀格斗，步枪上不配刺刀，其余与龙骑兵型步枪完全一样。生产时间为1894—1922年。

——宪兵型为骑兵、宪兵、工兵、炮兵、通信兵等所用，长度比龙骑兵步枪短219毫米，质量也轻约0.6千克，不安装刺刀。生产时间为1910—1917年。

——M1907为经过标准化后的卡宾枪，基本参数与宪兵型相同，生产至1917年为止。生产时间为1910—1917年。

——圣彼得堡骑兵学校型的卡宾枪，做工、材质都比一般部队使用的更加精良，供贵族学生专用。

1930年，苏联在M1891步枪基础上缩短163毫米，定型为M1891/30步枪，到1940年生产140万支，到1945年第二次世界大战结束，总数达1700万支。M1891/30步枪是苏军第二次世界大战中主用步枪。

1938年，在M1891/30步枪基础上再缩短枪管121毫米，去掉刺刀，定型为M1938骑枪。1942—1943年生产了710万支。

1944年，在M1938骑枪上又加上了可折叠棱形刺刀，定型为M1944骑枪。

M1891 步枪系列诸元

型号	开始生产年份	机匣外形	全枪长（毫米）	带刀全长（毫米）	空枪质量（千克）	枪管长（毫米）	枪口初速（毫米）
M1891 步兵型步枪	1891年	六棱柱形	1305	1738	4.22	800	615（圆弹）880（尖弹）
M1891 哥萨克骑兵型步枪	1894年	六棱柱形	1234	1666	3.9	730	615（圆弹）840（尖弹）
M1891 龙骑兵型步枪	1893年	六棱柱形，1930年后为圆柱形	1234	无刀	3.9	730	615（圆弹）840（尖弹）
M1891 宪兵型步枪	1910年	六棱柱形	1015	无刀	3.3	508	560（圆弹）
M1907 卡宾枪	1910年	六棱柱形	1015	无刀	3.3	508	560（圆弹）
M1891/10 步枪	1910年	六棱柱形	1305	1738	不详	800	880（尖弹）
M1891/30 步枪	1930年	圆柱形	1234	1664	3.9	730	860（尖弹）
M1938 骑枪	1938年	圆柱形	1020	无刀	3.5	不详	851（尖弹）
M1944 骑枪	1944年	圆柱形	1020	1325 刀伸	3.9	520	820（尖弹）

M1891/30 步枪

M1891 步枪系列在中国

中国曾称 M1891 步枪系列为水连珠步枪。发射无烟药的 M1891 步枪传到中国后，与此前使用黑火药枪弹的步枪（包括德国 M1888 之类）发射时枪声沉闷、硝烟经久不散相比，M1891 步枪不仅烟雾少，而且枪声清脆，如同水珠溅落，由此得名水连珠。它的出枪口弹头初速最高 880 米 / 秒，比德国 M1898 步枪还高 20 米 / 秒，印象深刻。至于连珠一词，源于中国称呼早先管式弹仓枪为连珠步枪，因管式弹仓中的枪弹成串而得名。

M1891 步枪进入中国最早可追溯到 1900 年八国联军侵华时期，当时俄国派了 18 万大军侵占中国东北，以实现其扩张野心。日俄战争后，相当数量的 M1891 步枪遗失下来，这是国人大量接触这种步枪的开始。十月革命后，大量白俄军人将手中的步枪以 13 元一支的价格卖给了奉系军阀，换取居留权，总数约 3 万支。此外，奉系军阀还从军火市场上购买了约 3.5 万支；山东军阀张宗昌曾组建了 1 万多人的白俄骑兵军，用的全都是他们自己带来的 M1891 步枪。

1924 年 10 月，苏联货船为黄埔军校的学生军送来的第一批武器中就有 8000 支 M1891 步枪（每支配子弹 500 发），这是当时孙中山手中掌握的最可靠的武器。1926 年 9 月，苏联开始援助冯玉祥部队 10 万人的军火，其中就有 M1891 步枪 27970 支，后冯玉祥又购买了 31500 支。埃德加·斯诺在《西行漫记》中还提到了这批枪，这是俄式步枪第一次大规模流入中国。

★ 苏联 7.62 毫米弹仓步枪的仿制

抗战期间出征缅甸的远征军中也曾用有 M1891/30 步枪

1939年6月，根据《中苏互不侵犯条约》，中国订购了价值 1293 万美元的第一批军火，其中包括莫辛 M1891 和 M1891/30 步枪 5 万支（M1891/30 步枪为主）；相应的步机枪弹 1.2 亿发。抗日战争中苏联先后三次提供军事贷款给国民政府，用以装备第 1、2、

5、10、74军的20个"苏械师",其中的10军、74军参加长沙会战给日军造成了不小损失。

20世纪40年代以前,M1891步枪系列进到国内不少,但步枪仿制没有进行,只有上海制造局于1927年开始生产俄式7.62毫米枪弹,以供给国内所需;接着金陵、汉阳及后来的第20兵工厂仿制过7.62×54毫米俄式枪弹。整体来说,由于7.62×54毫米枪弹不足,M1891步枪系列实战运用范围较小。

为补充朝鲜前线装备的不足,1951年中国进口苏联M1891/30步枪33084支,苏联M1944骑枪140000支。1952年进口苏联M1891/30步枪107523支。1953年进口苏联M1944骑枪62032支,苏联M1891/30步枪20638支。苏联M1944骑枪在志愿军中很受欢迎,精度高,动作可靠,长度适中,重量合意。当时新闻报道,特等功臣张桃芳曾使用这种步枪,以442发子弹击毙214名敌人,创下了志愿军冷枪杀敌的单人最高战绩。

苏联 M1944 骑枪在中国的仿制

新中国初期，为了摆脱装备混乱困境，中共中央决定军队装备要走苏联武器之路。1951年6月，徐向前总参谋长率军事代表团访问苏联，购买苏联武器。苏联提供 M1944 骑枪的技术资料。

中国仿制的苏联 M1944 骑枪，称 1953 式 7.62 毫米骑枪，是 1949 年后我军装备的第一种制式步枪。该枪是重庆 296 厂按苏联 M1944 7.62 毫米骑枪图纸和量具仿制的，1953 年出厂定型。1953 式骑枪与 M1944 略有不同，1953 式的准星座比 M1944 的要宽，刺刀座也与 M1944 有所不同，少量不装刺刀。

1953 年生产定型，当年就出厂 58500 支，7.62×54 毫米枪弹 50009.3 万发。1954 年生产 1953 式骑枪 291060 支，7.62×54 毫米枪弹 25047.2 万发。1955 年生产 1953 式骑枪 420000 支，7.62×54 毫米

苏联 7.62 毫米 M1944 骑枪刺刀打开与折叠

枪弹38316.1万发。1956年生产1953式骑枪44840支，7.62×54毫米枪弹48400.6万发。1957年生产1953式骑枪46740支，7.62×54毫米枪弹18189.6万发。1953—1957年共产1953式骑枪861190支。出厂价格只有从苏联进口价格的一半。

至于枪弹，苏联7.62×54毫米枪弹的仿制开始较早，上海兵工厂是1927年开始仿制生产的，以供给国内大量M1891步枪系列所需。1949年后，为了支援朝鲜战场前线弹药所需，首先组织了121厂、321厂、671厂、791厂进行了7.62×54毫米枪弹的应急生产，1952年就产出4936.8万发。

张桃芳在抗美援朝战争中使用1953式步枪狙击敌人

中国1953式7.62毫米步枪1962年在高炮部队使用

M1944骑枪的弹仓容量5发，发射1953式7.62×54毫米枪弹，初速820米/秒，全枪长1325毫米（刺刀打开）或1020毫米（刺刀折叠），全高178毫米，全宽83毫米，枪管长520毫米，全枪质量3.9千克。

8

苏联7.62毫米半自动步枪的仿制

SKS45 步枪来历

首先需要明确，SKS 是西蒙诺夫自动装填卡宾枪的英文缩写，俄文缩写是 CKC。

工人出身的枪械设计师西蒙诺夫（后就读于莫斯科工业大学）1936 年研制出发射 7.62×54 毫米枪弹的自动装填步枪，参加 1938 年苏联自动装填步枪选型，虽然性能较优，但是落败于当时名气大的托加列夫方案，苏军决定装备 SVT38，即 1938 年托加列夫自动装填步枪。西蒙诺夫不服输，继续不断改进，缩短枪长后成为自动装填卡宾枪。与此同时，已经发放到部队的几十万支 SVT38 故障频发，实用效果不佳，迫使苏军领导决定撤装。苏联军械部门回头看好西蒙诺夫自动装填卡宾枪，决定试装，定型为 SKS41，即 1941 年西蒙诺夫自动装填卡宾枪。准备试装，原本于 1941 年 7 月要完成 50 支样枪，还未加工出来，却战局突变。德国法西斯开始了疯狂进攻，苏联的许多兵工厂立即转入战时状态，一切服从于应急生产现行武器，SKS41 的试产被迫推迟。

3 年以后，1944 年夏天，试制出来的西蒙诺夫自动装填卡宾枪被送往白俄罗斯战场试用。实战反映该枪只能一发一发地射击，后坐力大，精度差。幸运的是，缩短有效射程、减小枪弹威力的 7.62×39 毫米枪弹由叶利扎罗夫和肖明两人研制出来了，已经定型为苏联 M43 枪弹。军方决定 SKS41 改用发射中间型的 7.62×39 毫米枪弹。改用新弹的西蒙诺夫步枪结构不变，只是将枪管内膛和枪机闭锁、射击循环动作的相

苏联 7.62 毫米 SKS45 西蒙诺夫自动装填步枪

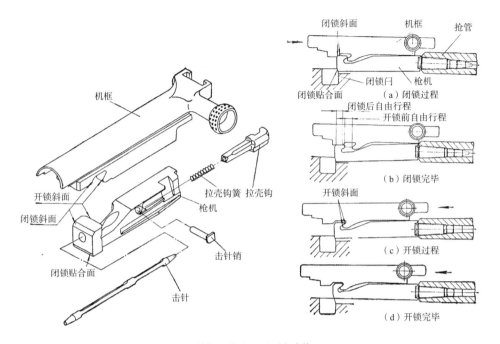

枪机、机框及闭锁动作

应尺寸适应体积较小的新弹，改小了一些零部件，去掉了膛口制退器，把装卸式刺刀改为折叠式连接的刺刀，定型为SKS45，即1945年西蒙诺夫自动装填卡宾枪。这种发射7.62×39毫米中间型枪弹的新枪刚发到部队时，受到部队赞扬，后坐力小，精度高。后来随着AK47突击步枪（原意是卡拉什尼科夫自动枪）出现，感到火力不足。苏联军队于20世纪50年代初期从一线部队撤装，1955年停产。

SKS45发射7.62×39毫米枪弹，自动方式采用活塞短行程的导气式，闭锁方式为枪机尾端上下偏移式，射击方式为半自动单发，供弹为容量10发双排交错输弹的固定弹仓，从上方用10发桥夹一次压入，即可装满。

西蒙诺夫自动装填卡宾枪的枪管长 520 毫米，初速 735 米 / 秒，全枪长 1025 毫米，刺刀打开全长 1332 毫米，瞄准基线长 480 毫米，带空弹匣全枪质量 3.85 千克，含实弹匣全枪质量 4.02 千克。

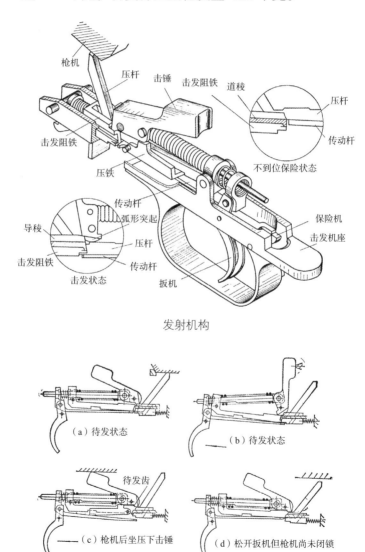

发射机构

发射机构动作

1956式7.62毫米半自动步枪（刺刀折叠）

中国仿制成"56半"

1955年1月11日，依据中苏两国政府换文，苏联向中国提供SKS45自动装填卡宾枪，以及7.62×39毫米M43枪弹全部图纸及技术资料。中国作为新一代步枪引进，在苏联顾问参与下不走样地仿制。1956年重庆建设机床厂造出了84000支仿制SKS45，命名为中国1956式半自动步枪，简称为"56半"。它是中国首支制式半自动步枪。起初少量零部件由苏联提供，国内配套生产一些小零件，在国内组装而成。这一时期的产品在机匣左前方打印的枪号带有俄文字母。随后每年产量如下：1957年265000支，1958年243040支，1959年204460支，1960年100760支，1961年124510支，1962年283280支，1963年243140支，1964年300202支，1965年450000支，1966年600060支，1956—1966年共生产2898452支。其中1964年10月以后出厂的刺刀为棱锥形，以前的均为剑形刺刀。1964年5月中央工作会议后，毛泽东主席说："要准备打仗。打仗，还是寄希望步兵。各省要自己造步枪、冲锋枪、轻重机枪等。"随后许多省市搞起了自己的三线兵工厂，首先组织生产的是1956式半自动步枪。所以1967年后的1956式半自动步枪生产数量很大。据《当代中国：地方军事工业》统计，到1986年产出5028144支。

重庆建设机床厂在仿制苏SKS45步枪基础上逐步进行了一些改进：①枪管材料使用适应国情的50BA枪钢，代替铬、镍含量较高的50AE、50AZ进

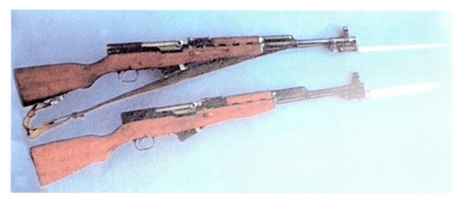

1956式半自动步枪的两种刺刀

口钢；②枪机则使用无镍少铬的 30GrMnMoTiA 合金钢代替进口的 30GrNi2MoVA 合金钢；③准星座、表尺座、导气箍和机匣盖的机加件改成精铸件，发射机座由模锻机加件改成冲压焊接件，还曾少量生产过冲压机匣；④枪管与机匣连接由螺纹拧合改成静压配合；⑤击针横断面由三棱形改为扁圆形，承受打击时能以较大弹性变形增强韧性，增加了击针寿命，取消了备份击针；⑥调整了拉壳钩、拉壳钩簧设计和热处理性能，延长了寿命；⑦后期刺刀由剑形改成三棱刺刀，长度也由原来的 312 毫米增加到 380 毫米，其优点是刚度好、穿刺力大、杀伤力强；⑧ 1976 年 8 月开始，枪托由木托改用泡沫玻璃钢托。

1958 年 9 月开始，国内几家枪弹厂都将 1956 式 7.62×39 毫米铜弹壳改成了钢弹壳，钢壳表面镀铜或涂漆。

在中国人心目中，1956 式半自动步枪印象良好，次发枪弹能够自动装填，质量轻，长短合适，射击精度高，机构动作可靠，并装有折叠式刺刀，可以进行白刃战。

1956式半自动步枪生产定型后，开始逐步取代部队原先装备的国产1953式骑枪，成为中国人民解放军的制式步兵武器。一个陆军步兵班的典型配置是：7支1956式半自动步枪、2支1956式冲锋枪、1~2挺1956式机枪。但装备的速度并不快，有些二线部队到1970—1972年才开始换装，主力部队则在1968年前后换装完毕。

1958年8月，毛主席在北戴河中央政治局扩大会后指出全民皆兵，要发枪。"再用6年时间，要逐步做到4个人一条枪"。此后全国民兵陆续发枪，开始发的当然是抗日战争、解放战争用过的杂式步枪。首先，国务院在1960年4月召开全国民兵代表会议，经过毛主席批准，会上向基层民兵代表各送一支1956

1956式步枪两种刺刀的折叠状态

★ 苏联 7.62 毫米半自动步枪的仿制

中国海军配用 1956 式步枪

1956式半自动步枪用于军训

式半自动步枪。至于广大民兵接收半自动步枪是1964年5月以后的事了。

1962年中印边境自卫反击战是1956式半自动步枪装备后首次投入战斗，相比印军用的英军弹仓式恩菲尔德步枪，1956式步枪以其较高的可靠性及火力，配合1956式机枪及1956式冲锋枪，战绩颇佳。

1979年中越边境自卫反击战爆发，丛林战斗的特点是"要不不见面，见面就是面对面"。该枪射击精度好的特点得不到发挥，扣一下打一发的半自动射击方式在对方广泛使用的 AK47 步枪情况下，常常显得力不从心。

战后，全军自下而上才统一认识到 1956 式半自动步枪火力不足，应当撤装。

中国民兵熟悉 1956 式步枪

墙内开花墙外香

弹仓步枪实现自动化装填，半自动步枪可以使射手专心瞄准击发，一直是许多人梦寐以求的。在墨西哥 M1908 步枪没有定型成功之后，英国定型 M1918 步枪，因第一次世界大战结束而未生产；法军 1916 年定型 M1917 步枪，在生产 1013 支样枪后，1918 年继而又产出 85333 支，故障还是频发，未能成功；俄罗斯定型过 M1916 费德洛夫半自动步枪，因为首发装填特别费劲，故障太多，试装未能定装；十月革命后，1922—1925 年间，苏联又生产 M1916 步枪 3200 支，试用效果仍然不佳，1928 年全收入库；捷克研制出 ZH29 半自动步枪，由于加工复杂，价格昂贵，本国没有装备，曾少量（不足 500 支）卖到中国，东三省兵工厂试图仿制，未成。最早研制成功的自动装填步枪是美国 M1918 自动步枪，可以实施单发半自动发射，也可全自动连发射击。就半自动功能来说，全枪质量 7.3 千克，太重！而且它的性能是以连发射击为主，装备到部队 4 年后干脆加上了两脚架，当作轻机枪使用。勃朗宁从 1929 年开始，又经 7 年改进，定型成 M1936 步枪，成为真正的半自动步枪，美国取得世界领先地位。苏联奋起直追，1939 年 7 月定型装备 1938 年托加列夫半自动步枪（SVT38），装备到部队后纷纷反映性能不佳，1941 年 1 月决定撤装。1943 年定型了减小威力的 M43 枪弹，成就了 SKS45 半自动步枪。它的大量生产实际开始于 1949 年，但此时战场形势已经发生变化，机械化装备大量

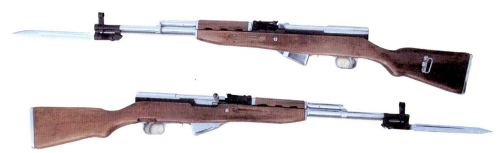

1956 式 7.62 毫米礼宾枪

曾援助越南的 1956 步枪号码标记

配发部队，战斗分队面杀伤火力大大增强；加上能连发火力的 AK47 的出现，SKS45 在苏军装备中昙花一现，1955 年停产。

第二次世界大战后，世界分化成两大敌对阵营，SKS45 被苏联"老大哥"推销给东方阵营的"小兄弟"，民主德国 1955 年定型为 K-S 卡宾枪（"Karabiner-S"，意思是"S 型卡宾枪"），中国定型为 1956 式步枪，罗马尼亚定型为 M56 步枪，朝鲜定型为 63 式步枪，南斯拉夫定型为 M59/66 步枪。阿尔巴尼亚仿制后称 7 月 10 日式步枪：上护木加长，散热孔的槽孔加长；弹仓盖前端斜面变成圆弧过渡；拉机柄改成 AK47 样；刺刀电镀改成发蓝处理，总产量 1.8 万支。

第二次世界大战后的70多年里，SKS45半自动步枪受到诸多国家喜爱。据2016—2017年英国《简式步兵武器年鉴》统计，仍在装备SKS45步枪的有阿尔巴尼亚、安哥拉、孟加拉、保加利亚、布隆迪、佛得角群岛、科摩罗、埃及、赤道几内亚、几内亚、几内亚比绍、圭亚那、伊拉克、吉尔吉斯斯坦、老挝、利比亚、马里、摩尔多瓦、莫桑比克、卢旺达、圣多美和普林西比、塞舌尔、塞拉利昂、索马里、斯里兰卡、苏丹、坦桑尼亚、越南、也门、津巴布韦等30多个国家和地区。

在中国，1956式半自动步枪仍然装备民兵部队，并广泛用于大、中学生的军训活动。1999年国庆50周年大阅兵时，在天安门前接受国家领导人检阅的男子民兵方队，手持的就是1956式半自动步枪。很多人第一次参加军训和实弹射击，使用的同样也是1956式半自动步枪。所有曾经接触过它的人都会切身感受到它的魅力并且难以忘怀。从某种意义上来说，它在中国人心中的地位是其他国产枪械无法企及的。

它在许多国家深受欢迎。尤其是它的修长"身材"适合于阅兵礼仪之用，作为仪仗队用的步枪，长期为苏联/俄罗斯、中国、波兰、捷克、叙利亚、朝鲜、越南等国家留用！在中国的国旗护卫队、迎宾的三军仪仗队中仍然使用。2008年7312厂特别生产了5000支经过"装饰"的1956式步枪，外露金属件进行了镀铬，枪托长增加10毫米，剑形刺刀加长60毫米，变得更加显眼，一直展示至今！

"56半" 热销美国

中国生产的1956式半自动步枪数量很大，20世纪80年代初开始在部队撤装后，大量库存成了问题。正好随着中美关系的缓和，"56半"打进了美国市场。由于第二次世界大战后两大阵营隔阂，美国人对于苏联枪械接触得不多，而中国生产的1956式半自动步枪更是少见，所以很受枪械爱好者和收藏家的欢迎。20世纪90年代末，带刺刀、油壶和枪背带等全套附件的1956式半自动步枪在美国市场的售价仅70~90美元，外号为"穷人的猎鹿枪"。因为它是美国市场上能买到的最便宜的军用步枪，属于典型的物美价廉，作为射击练习用枪或打猎用枪都是不错的选择，十分畅销。

国内最早出口美国的是未做任何改动的标准军用步枪，包括使用剑形和三棱刺刀的两种式样，均采用瓦楞纸盒加泡沫塑料包装，内附一套标准附件以及使用手册。后来国内还生产了一种缩短的半自动步枪，除枪管大幅度缩短外，枪托与刺刀长度也比标准型稍短，而且刺刀也分为剑形和三棱形两种，很可能是美国销售商特意订制的一些改进型。由于1956式半自动步枪使用10发固定弹仓，国外射击爱好者反映其容弹量太小，所以国内后来又生产了一种可以使用1956式冲锋枪或AK系列弹匣的"SKS-D"半自动步枪，同时还提供一种加长的容弹量20发的弹仓部件供选用。美国有些公司也生产金属或塑料制的大容量弹匣作为附件零售，但这些弹匣只能在SKS系列上使用，因为其接口是以SKS原品的弹仓接口为标准设计的，弹匣口部有一个长臂与枪身相连。美国厂商还提供各种改装附件，如带拇指孔的工程塑料枪托、两脚架、瞄准镜座、枪口制退器等，改装后的1956式半自动步枪颇具现代气息，很难看出是几十年前设计的老枪。

由于美国有些卅规定作为民用枪支销售的军用半自动步枪不允许有小握把、容弹量不能超过5发、不允许装配刺刀座、刺刀和枪口装置。为此国内的外贸产品进行了相应修改，取消了刺刀并改进了准星座的设计，使之不能再安装刺刀，使用特制的5发固定弹仓或5发弹匣，有的还改用了狩猎型或运动型枪托，经过如此改造的1956式半自动步枪称为"SKS-M"。有趣的是，美国对于包括完整的带有刺刀座的准星以及大容量供弹具在内的改装附件却不加禁止，而那些喜欢收藏标准军用型的人，对这种面目全非的改进型并不感兴趣。由于国内生产外贸型1956式半自动步枪的厂家很多，后期出口到美国的"56半"外形多种多样；再加上美国民间的自发改进，只有仔细研究机匣上的标记及相关特征才能加以区分。枪身机匣上的厂代号也不再仅是三角形，还有矩形和椭圆形等。其他国家的SKS步枪向美国出口很少，主要是因为这些国家出口的都是军用剩余步枪，没有专门生产民用型号，而中国为了与美国法律相吻合，一直不停地修改产品。

1994年9月，克林顿政府颁布《联邦突击武器禁令》，"禁止在民间出售19种进攻性半自动枪械"

后，中国军用枪支再也无法进入美国市场，国内外贸型"56半"从1997年开始停产。

1956式半自动步枪停止向美国出口之后，自然"物以稀为贵"，如今一支即使是使用过的品相一般的1956式半自动步枪也往往可以卖到200美元，如果品相好一点的则要达到400美元，那些从越南战场上带回来的带有证书的则可能最高达到900美元。

中国1956式7.62毫米半自动步枪

9

苏联 7.62 毫米全自动步枪的仿制

AK47 让卡拉什尼科夫成为传奇

卡拉什尼科夫是苏联著名的枪械设计师,以设计 AK47 自动步枪而闻名,被称为"AK47 之父"。"AK"是俄语首字母的缩写,"A"是自动步枪首字母,"K"是设计者卡拉什尼科夫首字母,"47"则代表 1947 年定型。AK47 的正确读音应为"阿卡 47"。

卡拉什尼科夫手持自己设计的 AK47 自动步枪

1947 年 2 月 8 日,苏联国防部做出了开始大批生产 AK47 自动步枪的决定。1949 年开始大量装备苏联部队。采用导气式自动方式和枪机回转的闭锁方式,火力介于老式步枪和冲锋枪之间。坚实耐用,性能可靠,故障率低,尤其适合在风沙泥水条件下使用。20 世纪 60 年代的越南战争及 90 年代的海湾战争中,AK47 自动步枪都曾被参战国作为士兵的主战武器,驰骋战场。尤其在越南战场上,AK47 自动步枪不仅使越南士兵爱不释手,连敌手的美国士兵都想扔掉手中的 M14 或 M16A1 步枪，拿起从越南人手中缴获的 AK47 自动步枪。卡拉什尼科夫所设计的 AK47 自动步枪的生产总量达 1 亿支以上。

卡拉什尼科夫的全名是米哈伊尔·季莫费耶维奇·卡拉什尼科夫，1919 年 11 月 10 日出生于哈萨克斯坦东南部阿拉木图远郊库里亚小村的农民家庭。卡拉什尼科夫一生研制出 18 种单兵武器，是果实累累、功勋卓著的轻武器设计专家，被誉为"世界枪王"。

卡拉什尼科夫获得过许多荣誉：因成功地研制出 AK47 自动步枪而获得斯大林一级勋章；因研制成与 AK47 结构一样的班用枪族获得苏联会主义劳动英雄称号；因成功地将小口经枪弹应用于 AK47 枪族获得第二次苏联社会主义劳动英雄称号；因研制成与 AK47 类似结构的通用机枪获得列宁奖金。在 1994 年 11 月 10 日，卡拉什尼科夫诞辰 75 周年庆祝会上，总统叶利钦和国防部长格拉乔夫，曾专程前往祝贺，授予卡拉什尼科夫少将军衔。1999 年 11 月 10 日，卡拉什尼科夫诞辰 80 周年之际在伊热夫斯克举行了庆祝活动，俄罗斯联邦总统叶利钦书面表示了祝贺，新任总理普京专程到会参加庆祝，卡拉什尼科夫被授予中将军衔。2009 年 11 月 10 日，90 岁寿辰之际，受到总统梅德韦杰夫接见，并授予国家最高奖"俄罗斯英雄"勋章。

2013 年 12 月 23 日，卡拉什尼科夫因心脏病逝世，享年 94 岁。卡拉什尼科夫生前曾表示，如果时光倒退，让他重新选择一次，他宁愿花更多的时间研究一些有用的工具，而不是研究 AK47 这种破坏性极大的自动步枪。"我对自己的发明创造感到自豪，但是我也很难过，因为恐怖分子也在使用这种武器。我宁愿发明一种能帮助农民干活的剪草机。"卡拉什尼科夫的这番话使人想起科学家爱因斯坦的一段懊悔研制原子弹的话。爱因斯坦曾说："要是我知道原子弹的危害，我宁愿做一个钟表匠。"

卡拉什尼科夫多次向采访他的记者声明："我设计自动步枪是为世界带来和平和友谊，枪械无罪，有罪的是扣动扳机的人。"

AK47 辉煌依旧

AK47 自动步枪是 20 世纪 40 年代产品，俄罗斯、中国等已经撤装，但据 2016-2017 年英国《简式步兵武器年鉴》统计，AK47 步枪正在装备使用的有阿富汗、阿尔及利亚、安哥拉、孟加拉、贝宁、博茨瓦纳、保加利亚、布基纳法索、布隆迪、柬埔寨、喀麦隆、佛得角群岛、中非共和国、乍得、科摩罗群岛、刚果 - 布拉柴维尔、科特迪瓦、古巴、塞浦路斯、刚果民主共和国、吉布提、埃及、赤道几内亚、埃塞俄比亚、加蓬、冈比亚、加纳、几内亚、几内亚比绍、圭亚那、伊朗、伊拉克、哈萨克斯坦、肯尼亚、朝鲜、老挝、利比里亚、利比亚、黎巴嫩、莱索托、马里、摩尔多瓦、莫桑比克、卢旺达、圣多美和普林西比、塞舌尔、塞拉利昂、索马里、斯里兰卡、

苏联 AK47 自动步枪

苏丹、坦桑尼亚、越南、也门、津巴布韦、吉尔吉斯斯坦、老挝、拉脱维亚、立陶宛、马达加斯加、马里、马耳他、毛里塔尼亚、摩洛哥、缅甸（部分）、尼加拉瓜、尼日尔、尼日利亚、巴基斯坦、巴拿马、巴拉圭、秘鲁、沙特阿拉伯、斯

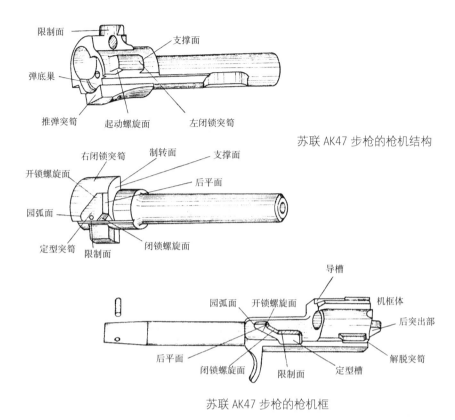

苏联 AK47 步枪的枪机结构

苏联 AK47 步枪的枪机框

洛文尼亚、苏里南、叙利亚、塔吉克斯坦、多哥、土耳其、土库曼斯坦、乌干达、乌克兰、阿拉伯联合酋长国、乌拉圭、乌兹别克斯坦、委内瑞拉、赞比亚、等 100 多个国家和地区。加上曾经装备使用过的国家和地区，将近有 120 个国家和地区。AK47 步枪的使用广泛性史无前例。黎巴嫩真主党的徽章上是一个拳头握着的 AK47；布基纳法索等 6 个国家的国徽上有 AK47 图案；莫桑比克的国旗上有装有刺刀的 AK47 图案；布基纳法索的护照钢印上也有 AK47。

AK47 弹匣容量 30 发，发射 7.62×39 毫米枪弹，弹头质量 7.9 克，枪管长 415 毫米，初速 710 米/秒，全枪长870毫米,全枪质量4.3千克,有效射程300米。

在莫斯科机场出售的一种包装形状像AK47的伏特加酒,2012年标价150欧元,实际内装的酒价不足10美元。

每个俄罗斯人都知道卡拉什尼科夫,因为在俄罗斯的每所学校都有预征兵训练,训练中必修课之一是学习卡拉什尼科夫枪支的知识,10年级和11年级的学生都要实际操练一番,并进行初级射击体验,卡拉什尼科夫的名字自然融入每人的脑海里。

《纽约时报》资深作家克里斯托夫·约翰·奇弗斯说:如果说美国畅销全球的形象产品是可口可乐,那么,俄罗斯畅销全球的毫无疑问就是AK47!

在中国,几乎人人皆知AK47。在北京高新技术区(中关村开发区)竟有一家以AK47命名的烧烤店——"AK47碳烤羊腿音乐串吧"。

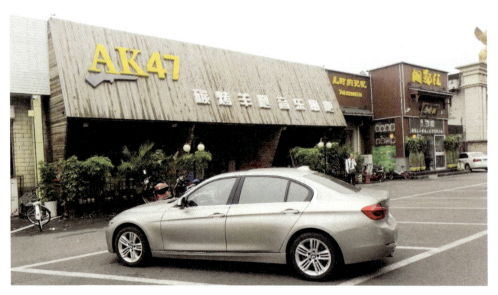

北京上地的AK47烤肉店

在苏军装备序列中,发射中间型枪弹的AK47自动步枪起初也是按替换发射手枪弹的冲锋枪(PPS)编配,在步兵班中SKS45自动装填步枪与AK47自动步枪同时编配。实施后,由于苏军机械化提高、重火力增强,部队实践体会到半自动步枪火力不足,AK47更适合单兵突击作战,1951年将AK47配装上了单刃刺刀,作为步兵基本装备,原来的SKS45步枪撤装。

根据1955年1月11日中苏两国政府换文,苏联向中国提供了发射1943式7.62毫米中间型枪弹的SKS45式自动装填步枪、AK47自动步枪、LPD46式轻机枪等的图纸、技术资料及样枪。

20世纪50年代,中国将苏联7.62毫米AK47自动步枪译为冲锋枪,定名为1956式7.62毫米冲锋枪。定名为冲锋枪是因为新中国成立前中国军队的步枪都是杂式弹仓步枪,新中国成立后的1953年开始统一装备仿制的苏联M1944(仿制定名1953式)步枪,步枪一直都是只能单发,只有冲锋枪才连发,新来的AK47长度要比老式单发步枪短得多,能连发射击,适合冲锋作战,故定名冲锋枪。起初在部队编配是每个步兵班分3个战斗小组,3名组长(班长、副班长兼任组长)配用冲锋枪,用以替代原编发射手枪弹的1954式冲锋枪,其余是轻机枪1挺加上半自动步枪5~7支。

1955年8月,从苏联引进的AK47图纸和技术资料(产品图、设计计算、尺寸链计算、试验检查规范、工艺规程、工装资料等技术文件,一共781册)到达黑龙江北安庆华工具厂,次年在13位苏联

中国 56 式 7.62 毫米冲锋枪

装棱形刺刀的 56 式冲锋枪（刺刀打开）

顾问参与下，不走样地试制出 5050 支，1957 年出厂 53400 支，至 1966 年的每年产量依次为 110000 支、70000 支、60000 支、50865 支、175012 支、85000 支、114000 支、150000 支、196030 支。诸多省市的小三线工厂和动员生产线也参加了制造。到 1967 年前共出厂 1956 式冲锋枪 1069557 支。据《当代中国：地方军事工业》统计，到 1986 年底共生产出 1956 式冲锋枪 1316878 支；质量参差不齐，当然质量最好的是中央企业 626 厂（北安庆华工具厂）生产的。

在苏联国内 AK47 生产过程中，1949—1951 年间生产的为薄板冲压机匣，由于当时铆钉技术不过关，使用后容易松动。1951—1953 年间生产的机匣改成了最早的锻造机加机匣方式，生产效率降低，成本加大。1953 年后虽然回到了锻造机加机匣，但在简化工艺上做了不少改进。中国引进的 1956 式冲锋枪等就属于这种。1959 年改进升级为 AKM 时，冲压焊接技术提高，又改成了冲压机匣。

民兵在练习 56 式冲锋枪

在仿制过程中，626厂在总工程师赵瑞之率领下，发挥集体智慧，同样进行了锻造机匣改成冲铆机匣的攻关。成熟的产品皆自"苦寒"来。锻造机匣是用2.65千克的锻件挖空机加工成只有0.65千克成品机匣，改为冲铆机匣，每千支枪的钢材消耗由原来5吨，降为1.5吨，而且生产效率大大提高，并降低了成本。"仿中改"除机匣关键大头外，从仿制开始就做了许多工作：首先在枪机、击锤、击针等材料上，原来用的是适合苏联的25CrNiWA，而中国缺少镍钨合金钢，626厂改用了30CrMnSiA喷丸处理；解决了击针、击锤簧、复进簧、拉壳钩簧等零件的寿命短、易折断问题；枪托、护手、握把由木件改成玻璃钢件；准星由半包式两侧护翼，改为全包式的护环，护环顶端有开孔。

1957年下半年"56冲"开始下发部队，换掉1954式冲锋枪。1964年5月开始，部队换装下来的1956式冲锋枪（1956式突击步枪），配给东南沿海5省（市），以及云南、黑龙江、吉林、新疆、内蒙古等边境一线民兵连。

中国制造的"56冲"曾出口越南、朝鲜、阿尔巴尼亚、巴基斯坦、老挝、柬埔寨、斯里兰卡、古巴、巴西等40多个国家，其中越南和阿尔巴尼亚还援建过生产线。

加不加刺刀曾引起中国高层关注

装棱形刺刀的 56 式 7.62mm 冲锋枪

轻武器不轻,是由于轻武器的产量最大,用途最广,人们接触最多,有关它的问题抉择、决策牵扯面广,所以决策层次往往很高。在中国武器装备发展历史上,"56 冲"加不加刺刀的问题曾引起中国军界高层的关注。

1955 年 1 月 11 日,经过中苏政府换文,苏联向中国提供 7.62 毫米 AK47 自动步枪图纸。立即行动,马上突击,次年中国仿制成型,定名为 1956 式 7.62 毫米冲锋枪。

20 世纪 50 年代,军工产品定型委员会提出"56 冲"应当装上刺刀;总参谋部认为:"现代战争用刺刀机会不多,增加枪重,不装为好。"后来,在一次制定装备体制的会议上苏联副总顾问说,1956 式 7.62 毫米冲锋枪如装刺刀,则更加强了该枪的效能,并称苏军已经装了刺刀。苏联总顾问在另一次编制会议上也说,部队可不配半自动步枪,而应全部改配带有刺刀的 1956 式 7.62 毫米冲锋枪。依据苏联"老大哥"的意见,1958 年 1 月 9 日,总参谋部向中央军委专门写了报告,报告中指出:"这一问题已关系到战术运用及装备体制问题。特此呈军委决定,以便遵示办理。"时任总参谋长的粟裕还向军委常务副主席、国防部长彭德怀单独写了一封信,信中解释道:"经我们研究,认为从现代战争条件来看,使用刺刀机会不多。如装上刺刀当然在冲锋时会增加一些威力,但冲锋枪短,效果也不大,且该枪本身重量已为 4.3 千克,

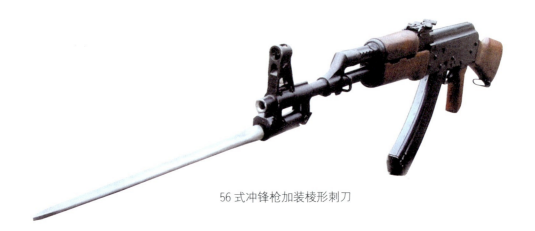

56 式冲锋枪加装棱形刺刀

若加上刺刀则近 5 千克,这样势必略增加战士的负荷重量。同时如决定装刺刀,还须向苏方索取资料。该枪似不必装刺刀。"1 月 14 日彭德怀元帅批示:列入军委会议文件。

1958 年 1 月 22 日,在军委会第 140 次办公会上讨论了此事。会议决定事项中的第六项内容是:同意粟裕同志意见,1956 式 7.62 毫米冲锋枪不装刺刀。

1958 年,6 个单位自发研究设计了发射 1956 式 7.62 毫米枪弹的能连发的新式步枪。新式步枪的总体设计思想是,在 1956 式半自动步枪基础上设计出能连发射击的通用枪。军械部出面,1959 年 11 月在北京开会,6 个设计组集中组成一个通用枪研制小组,由当时的军械科学研究所牵头,以重庆地区为加工基地。通用枪提到日程,刺刀问题会自然解决。

1961 年 7 月 7 日,刘伯承元帅观看枪炮体制定型陈列时说:"刺刀是三棱的好,扁的容易弯,三棱的不容易弯,刺出的伤口深。"6 天后,叶剑英元帅也来参观,看到我国新研制的步冲合一的通用自动步枪样品后也说："通用枪全重 3.6 千克，轻便又自动，还有刺刀能刺杀，这很好。将来在一个班里 8 支通用枪和 1 挺班用机枪，用一种子弹，补充也方便。"

随着部队不时反映"56 冲"需要加装刺刀，军械部认为在我国自己的步冲合一通用枪定型装备之前，"56 冲"还是应当加上刺刀，并向总参谋部打了报告。

1964 年 5 月 27 日，总参谋部批复总后军械部："现生产的 56 式冲锋枪均增配可装卸的剑形刺刀，将现试制出的刺刀稍加改进后生产，配发部队，并着手研究固定于枪上的棱形刺刀。"

1966 年 2 月 26 日，越南南方西原战场司令部关于军械情况报告中提到："战场上美国兵见到 1956 式半自动步枪上发亮的刺刀很害怕"，要求 1956 式冲锋枪加装刺刀。

1966 年 6 月 10 日，总参谋部党委办公会议纪要中对装备部关于 56 式冲锋枪装备刺刀问题的请示，会议决议同意装备部意见，今后生产的 56 式冲锋枪装配热轧的折叠式刺刀，报军委办公会议审批。当年有 152000 支 56 式冲锋枪装上了刺刀。

1967 年 1 月 25 日，中央军委办公厅向总参装备部发出通知："1966 年 5 月 11 日关于 1956 式冲锋枪配刺刀问题的请示，军委陈（毅）、刘（伯承）、徐（向前）、聂（荣臻）、叶（剑英）各位副主席已审阅同意，批准 1956 式冲锋枪加装刺刀。"

1967 年 2 月 9 日，总参向总后军械部发出通知："你部 1965 年 12 月 1 日 [1965] 械科字第 1027 号请示悉。关于 1956 式冲锋枪装配刺刀问题，同意该

棱形刺刀折回的 56 式冲锋枪

枪装配热轧的棱形折叠式刺刀。1965 年以前生产的 1956 式冲锋枪（包括部队携带和总部库存）亦可利用此热轧的棱形折叠式刺刀。请与工业部门协商安排，生产一批，先发部队试用，听取意见，为能满足部队使用要求，可分批安装。"

"56冲"后续及其战术地位

苏联AK47自动步枪来到中国，军方上上下下都把它看作是发射手枪弹的冲锋枪的升级，没有看成步枪的一种，所以出现加不加刺刀问题。直到1958—1963年研制新式通用枪，也是强调步冲合一，其中的"冲"就是指1956式冲锋枪，强调搞一支能连发的自动装填步枪，具有拼刺优势的枪，300、400米距离上有着准确的射击精度和必要时的连发射击能力。编制上整个步兵班，除一挺轻机枪外，全都使用通用枪。

"56冲"大量仿制装备后的1963年8月，依据空降兵和侦察部队需要，626厂仿制定型了能向下折叠的金属枪托的AK47S，命名为1956-1式冲锋枪。

56冲（上）、56-1冲（中）、56-2冲（下）外形对比

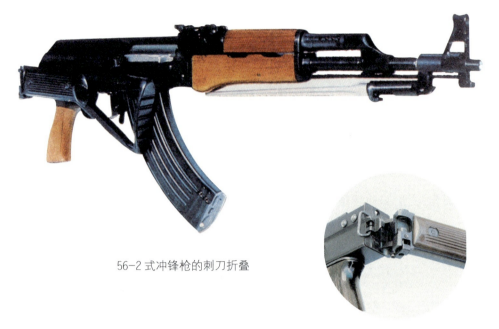

56-2 式冲锋枪的刺刀折叠

56-2 式冲锋枪的枪托折叠机构

在 1962 年中印边境自卫反击战中，印军的步枪是老式的李-恩菲尔德非自动步枪，冲锋枪是发射手枪弹的司登冲锋枪，我军是 1956 式半自动步枪与 1956 式冲锋枪，火力优势明显，"56 冲"的战术地位没有争议。

1979 年中越边境自卫反击战，越军已经撤装 "56 半"，我军战士手中的半自动步枪火力明显不足，战争中后期，立刻紧急换用 "56 冲"。后期战斗双方都握持各种 AK47（制造国别和前后生产型号不同），单兵武器上成了 AK47 间的对抗，"56 冲"争得了步枪战术地位。

1980 年 1 月的《中越边境自卫反击作战装备工作资料总结》写道：1956 式冲锋枪好，半自动步枪射速慢，火力弱。

1980年6月，在保持AK47的枪身主体机构不变、性能不降的前提下，626厂自行设计了新式三角框形金属枪托。该枪托能向右侧折叠，并且可以通过斜面卡笋、自动补偿磨损间隙，实现了折叠枪托与机匣本体之间刚性连接定位，克服了1956-1式枪托与机匣之间松动难题，为提高瞄准射击精度取得突破性进展。配用此枪托的新枪定名为1956-2式冲锋枪。1980年12月进行了生产定型审查。1981—1986年1956-2式冲锋枪产出183003支，装备了空降兵和海军陆战队。

1969年身背1956-1式步枪的空降兵在政治学习

56C 短步枪

　　为了满足山地部队面对高山低气压缺氧环境、提高便携性的作战需求，1988年2月立项研制山地用7.62毫米短步枪，1991年设计定型，定名为56C短步枪。当时，中国官方正式澄清了AK47"自动步枪"的步枪战术作用。56C短步枪在1956-2式冲锋枪基础上做了以下改进：①机匣长由260毫米缩短到240毫米；②枪管长由415毫米缩短到280毫米；③枪托长由230毫米缩短到215毫米；④增加了枪口消焰制退器；⑤护手改用尼龙S143；⑥配用20发容量弹匣，并附有空仓挂机功能。56C短步枪整体诸元：初速663米/秒，理论射速777发/分（小气孔）或808发/分（大气孔），带20发弹匣的全枪质量2.9千克，枪托打开全长765毫米，枪托折叠后全长只有 560 毫米，100 米处的点射高低 × 方向弹着密集界 27×27 厘米。该枪继承了 AK 系列步枪坚固耐用、可靠性高、环境适用性好的优点；适合于山地高原部队、海军陆战队和空降兵等使用。

56C 短步枪

10

1963式7.62毫米自动步枪的研制生产

奋发图强，步冲合一

1956年仿制定型的"56半"和"56冲"在全军列装使用后，半自动步枪的单发精度和拼刺功能，与"56冲"的连发火力和机能可靠性，深受全军喜爱。1958年冬，总参军械部批准列为研究项目。当时他们的设计思想是具有1956式半自动步枪的精度、拼刺优势，兼有1956式冲锋枪的连发和可靠性，强调步冲合一，要搞出一支能连发的自动装填步枪，具有拼刺优势，300、400米距离上有着准确的射击精度和必要时的连发射击能力。编制预想为装备步兵班全体，除一挺轻机枪外，全都使用通用枪，不再区分冲锋枪和步枪。1959年9月，在总后军械部（1959年3月从总参改隶总后）组织辖下军械科学研究所张才忠等与北京工业学院55届高年级学生刘肇祺等11名（靳天佑老师带队）一起参加在296厂进行的新式通用步枪设计。1959年11月，由研究所、院校和工厂联合成一个三结合设计试制组，将6种样枪综合成

1963式7.62毫米自动步枪

1963式自动步枪右视，刺刀折叠

01、02、03三个方案。

1960年4月8日，总后军械部召开通用枪选型会议。会议决定在此前由296厂、北京工业学院、军械科研所、31试验基地、江西省军区、69军、南京军械学校、626厂研制出的3个方案基础上，专攻闭锁机构，试制出04、05两种样枪。再次评选比较之后，放弃04方案，在05号方案基础上进行改进。

改进后的新枪经过多次工厂试验和白城国家（军械科学试验）靶场考核试验，最后成型。结构性能特点是发射1956式7.62×39毫米枪弹；保留"56半"步枪的活塞杆与枪机框分开，空仓挂机，弹夹续压枪弹，520毫米枪管长，与枪口处固定连接的折叠刺刀，弯颈式全木托，成熟的表尺和准星结构；在向"56冲"靠拢上采用AK47式机头回转闭锁机构，回转击锤敲打击针尾端的发射机构，单、连发转换的发射方式，弹匣容量改为20发；新枪的革新点有降低自动机（机头、机框和击针等）重心高度、利于点射、精度提高，刀形刺刀改为三棱刮刀形刺刀，刃长310毫米；创新设计导气系统，导气箍上能在2.5/3.8毫米两种孔径间选调,既有利于提高精度又有利于提高恶劣条件下的动作可靠性,发射机构全新设计,控制击锤回转的双钩式阻铁,发射系统构成独立组件。

1963年,新枪定型为1963式7.62毫米自动步枪。弹头初速735米/秒,刺刀打开全枪长1342毫米,刺刀折叠全枪长1032毫米,全宽68毫米,全高199毫米,木托最宽处49毫米,枪管长520毫米,瞄准基线长473毫米,全枪(含20发空弹匣和通条附件)质量3.87千克,100米距离上半数弹着圆半径5厘米,理论射速650发/分,有效射程400米。

从1964年开始组织批量生产,当年验收586支,1965年验收168支,1966年验收332支。

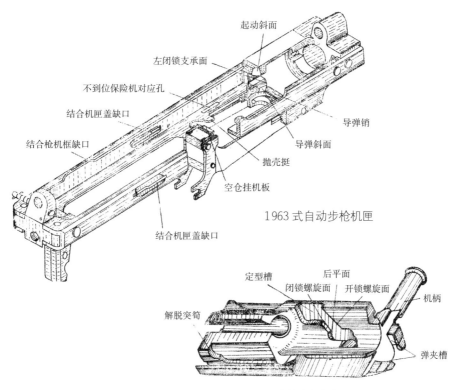

1963式自动步枪机匣

1963式自动步枪枪机框

初期产品反映良好

1967年5月，国防科委向军委提出装备部队的报告。1967年5月19日军委常委第60次会议讨论，当时有人提出（新步枪）耗弹（量）大。而后，中央军委还是批准该枪列入军队装备体制。

1967年6月21日，装备部向副总参谋长报告："自动步枪1963年设计定型，经7个军区试用，反映精度好，枪刺较长，利于白刃格斗，枪型也很适合各种姿势射击和各种持枪方式，建议换掉1956式半自动步枪和1956式冲锋枪。"

1963式7.62毫米自动步枪装备部队，拼刺训练

1963 式 7.62 毫米自动步枪装备民兵

1963式自动步枪参加阅兵

1968年7月16日，总参谋部向军委办事组请示：新自动步枪1963年设计定型，生产千余支，发7个军区试用，反映很好。

1968年7月28日，军委办公厅通知，1963式7.62毫米自动步枪批量生产和装备部队问题已经军委常委会第69次会议通过。随后总参决定将1963式自动步枪先装备中央警卫团，警卫一、二师和空降兵。

早期出厂的1963式步枪质量是好的，因为当时是因袭苏联严格的枪械定型规则，经过国家靶场各种考核试验才过关的。1963式自动步枪定型后，参加过"抗美援越"。一位参战的澳大利亚军人回忆："当时我带的小分队正在沿河巡逻，突然河对面树丛中响起了熟悉的SKS枪声。我立即命令，就地卧倒，散开，一边用电台呼叫救援，一边使用M14步枪和一挺M60机枪朝枪响方向交替射击，一边向土堆后面转移，转移中忽然遭到几个连续短点射，听其声响与越共装备的AK47声响不同,而且都是两发的短点射,散布很小。我的两个队友居然都是小腿中弹,在其他队友前往救护过程中,又有一人腰部中弹,当即瘫倒。战斗后在野战医院我发现,伤口与SKS和AK47伤口有所不同。两个命中点距离很近,不到1英寸(25.4毫米)。贯穿伤的空腔平直,进口小,出口大。军医也感到奇怪,问我是什么枪打的。我说也许是AK47,医生说'那这个家伙枪法很准。'……直到两个月后,我们在另一次战斗中缴获了一些步枪之后,才弄清楚越共已经用上了可以连发、弹匣上带有五星标志的20发容弹量的新步枪,当时我们叫它为68自动步枪。"英国著名轻武器专家霍格也曾评价说:7.62毫米63式自动步枪是一支由中国设计制造的步枪,外形类似于SKS半自动步枪,但它的全长(打开刺刀)比SKS还长,旋转式闭锁机构是以AK47为基础设计的,有单、连发射击选择功能,有气体调节器,20发弹匣,弹仓的装弹形式比英国的周全。总之,霍格对它是肯定的。

问题出现了,刚刚研制好的步枪怎么就到了越南战场上?不符常理!这与20世纪60年代中国与越南是"同志加兄弟"的友谊关系有关。大家都认为,为"抗美援越"做事是光荣的,作者就曾为越南等国军械人员讲授枪械构造和设计原理,并带领他们到工厂实习半年多。而且那时毛泽东主席曾经指示:"凡是越南提出要求,我们有可能办到,就一定要满足。有些我们有的,也能办到,越方没有想到,我们也要主动提出。"

一度遭停产

1969 年生产 6000 支 1963 式自动步枪。当时军委办事组强令从 1970 年开始年产 60 万支，超出工厂实际能力的 5 倍。工厂应急采取了诸多提高生产效率措施：把锻件机匣改成冲铆机匣，枪管与机匣连接由 M25×1.5 毫米的螺纹拧接改为直径 18 毫米圆柱孔的压配合连接，其他工艺也都有简化，共有 180 余项未经考核过关的修改，统统上马，结果出现产品质量粗糙，枪管与机匣等部位连接精度差等问题。

另一方面，还与当时的制造过程和成品检验、军代表验收等制度的放松有关，潜意识里是"工人是国家的主人，还用什么监督。"

1971 年 6 月前共生产 46.9 万支，其中援外 10 万支，装备部队 32 万支。因精度差，互换性差，射击喷火等严重质量问题，部队不愿使用，要求更换。除了精度、互换和导气箍处后喷火外，还有木托易折断，机匣盖跳飞等问题。有的报告中说"昨天刚校好的枪，今天就打不上靶了。"有的部队直白地要求"换我半自动"。1972 年下令停发，到年底库存 27 万支。

工厂听说出现了质量问题，立即成立了攻关小组，从 1971 年 4 月开展了会战。冲铆机匣改回锻造机匣，在按原设计要求基础上，改进弹匣接口尺寸、卡笋设计，变成既能使用"五星"20 发弹匣，又能使用"56 冲"的 30 发弹匣；复进簧选用优质线材缠制，增加强度；减小枪机公差，强化击针热处理规程，等等。攻关后的 1963 式自动步枪拿到部队试用，反映

1963式7.62毫米自动步枪装备在部队，射击瞄准训练

单发精度比得上"56半"，连发火力持续与"56冲"没有差异，而且点射精度提高。

信誉是产品的生命，一旦信誉被毁，回天难呀！

全局上，装备在部队的1963式自动步枪的问题持续发酵。1977年，第五机械工业部二局关于解决1963式自动步枪炸壳问题的情况报告中说："1969年生产以来，到1977年1月就发生炸壳35次"。

1976年3月6日，常规装备发展领导小组［1976］5号文件——回复《装备部关于1963式自动步枪停产问题的请示》中写道："到1975年底共生产210万支，除去援外，现有140万支。换装了50万支，精度差，部队反映不好。建议改产1956式半自动（步枪）。从装备发展考虑还应研制新型自动步枪。"从此，第二代自动步枪研制工作提到日程上来。

1977年9月7日，五机部在北京召开专业会议，确定296厂的1963式自动步枪转产1956式半自动步枪。

1978年，部队编制上恢复使用1956式半自动步枪。

过渡值得总结

1963式自动步枪已经成为过眼烟云。从枪械发展史上看，它的战场战术地位是从20世纪五六十年代的半自动步枪向六七十年代突击步枪转化中的过渡性产品。它坚守步枪的拼刺性能，刺刀固定连接在枪口，全枪长（刺刀折叠）比1956式半自动步枪长7毫米，比1953式骑枪长12毫米，比美国M16自动步枪长42毫米。西方国家由大威力步枪弹半自动步枪（7.62×51毫米口径）直接进到小口径突击步枪，苏联的中间威力步枪弹（7.62×39毫米口径）的半自动步枪很快撤装，普遍装备7.62毫米口径突击步枪，再进到小口径突击步枪。中国由于经济技术发展较慢，战场上机械化程度低，在步冲合一的通用枪上设计观念上更强调步枪性能。因此，1963式自动步枪是适合中国国情的过渡枪。

"过渡"十分必要，因为中国人自下而上对装备自动步枪还是半自动步枪一直有着分歧。1972年1月31日，沈阳军区汇报工作时叶剑英元帅说：全自动（步枪）耗弹多，单发容易命中。一群野鸭子用连发一只也打不上。1963式步枪改半自动。1977年7月决定296厂转产半自动时，叶剑英、粟裕、陈锡联、汪东兴都同意。聂荣臻主张自动步枪。粟裕说：1969年当面同邱会作、黄永胜争论过，消耗子弹多，弹匣妨碍拼刺。

1963式自动步枪早期出厂质量是好的。间接地证明是出口到阿尔巴尼亚的1963式自动步枪到20世

2016年越南民兵用1963式自动步枪打靶

纪90年代科索沃战场上仍在使用。在2001年有关阿富汗地区的新闻报道中，仍可以看到身背"63式"的士兵巡逻、站岗的镜头。网易网站报道，2016年越南民兵还在用1963式自动步枪打靶射击。只是这支过渡枪的生产遭到"文革"冲击，非正常地缩短了过渡期。

1981 式 7.62 毫米自动步枪的研制生产

许多人说，1981式步枪1979年下达科研任务，1981年设计定型，是一个高效研制项目。对吗？请看下文！

第二代自动步枪起步

1971年5月19日，常规兵器工业领导小组［1971］40号文下达研制任务之一是，研制第二代自动步枪：沿用1956式7.62毫米枪弹，拟替代1956式半自动步枪和1963式自动步枪，全枪质量3.5千克以下，单发精度优于1956式半自动步枪，点射精度较1956式冲锋枪有显著提高，结构简单，工艺性好，勤务性好。从此，第二代自动步枪研制项目纳入正式研制轨道。其实，国内专业研究所、工厂早在1963式自动步枪不受欢迎开始就进行了下一代步枪的研制。

1972年7月28日至8月15日，626厂样枪到白城靶场进行了摸底试验，触摸了各方面问题。1976年1月8至17日，296厂样枪在工厂内进行了摸底试验，摸清射击精度、寿命、抽壳故障的攻关效果。

1976年7月16日至8月5日，五机部主持召开了第二代自动步枪方案讨论会，对4家（296厂、626厂、386厂和208所）5种样枪进行了摸底试验。结果都有问题，需要改进。会议认为，集中方案搞会战为时过早，需要再奋斗1年到国家靶场选型试验。会议上再次明确，性能以半自动发射方式为主，全枪3.5千克为带20发空匣、固定可折叠刺刀及附件的总质量；打开刺刀全枪长1330毫米左右，折回刺刀全枪长1025毫米左右；枪托采用半木托；表尺射程600米；枪管寿命10000发；100米单发半数弹着圆半径4.5厘米，100米点射11厘米，点射指标待定；供弹具容量为 10、20 两种弹匣，以 20 发的弹匣为主；有空仓挂机，并能用弹夹向弹匣内续弹。

当时四个单位样枪 100 米单发 R_{50} 分别是 296 厂 5.25 厘米，626 厂 5.93 厘米，386 厂 5.74 厘米，208 所 4.8 厘米。1976 年 8 月 31 日，五机部发出〔1976〕1191 号通知："第二代自动步枪方案讨论会纪要"。通知中指出：经与总后勤部军械车船部研究，原则同意 1976 年 7 月 16 日至 8 月 5 日形成的会议纪要：暂不集中方案搞会战，再行 1 年的研制。

1 年后，1977 年 9 月 2 至 22 日在 31 基地试验部分结果如下：

第二代自动步枪参加选型厂家样枪比较

研制单位	208 所	296 厂	386 厂	626 厂
闭锁方式	回转	回转	起落	回转
全枪重（千克）	3.4	3.6	3.8	3.7
全枪长（毫米）	1340	1314	1215	1310
单发 100 米半数弹着圆半径 R_{50}(厘米)	4.5	5.0	5.5	5.0
点射 100 米半数弹着圆半径 R_{50}(厘米)	14	23.5	18.5	15

试验后，白城第二代自动步枪选型试验报告的结论：全枪重除 208 所外，其他三家均未达到 3.5 千克要求。100 米单发精度除 208 所样枪外，其余均未达到指标要求。四种枪在各种使用条件下机构动作均不可靠。综合寿命均不合格。

磨刀霍霍又一年。

1978 年 5 月 9 至 31 日，626 厂样枪在白城进行

1978年208所二代自动步枪

了设计定型试验，结论是各种使用条件下机构动作基本可靠。全枪质量3.65千克（超标）。100米单发半数弹着圆半径5.5厘米（超标）。寿命试验中出现闭锁支撑面断裂。结论是不能定型。

1978年7月28日至8月25日，208所样枪在白城进行了设计定型试验，结果是静态指标、精度、寿命等达到指标要求，各种使用条件下机构动作基本可靠。结论是可以定型。

1978年1月2至13日，296厂样枪也进行了设计定型试验，静态指标、精度合格，各种使用条件下机构动作基本可靠，寿命试验未能达标。

1979年1月2至13日，626厂样枪再次进行设计定型试验，各种使用条件下机构动作可靠，寿命试验除复进簧导杆和枪托外达到10000发要求，100米单发半数弹着圆半径6.0厘米，未能达标。结论是不能定型。

1979年1月9至13日，386厂样枪设计定型试验，常温下机构动作不可靠，试验不能正常进行，结论是不能定型。

枪族化是正途

1965年军械部的轻武器研究所划归五机部后，军内再无轻武器方面的研究机构。几年后，军内上上下下皆认为军队不能没有自己的论证研究单位。1975年10月1日，中央军委批准组建"轻武器研究所"，主要任务为论证（1981年5月改名轻武器论证研究所）。新建轻武器研究所历经"招兵买马"、划地修院墙、平地起楼房之后，从1977年底开始论证，调查分析，写出研究报告、论文、译文44份，46万字之多。其中比较有分量的是《我军步兵团以下战斗装备改进意见》《国外轻武器装备现状水平和发展趋势》《步枪发展趋势探讨初步》等。关于步枪，这些文章中都明确提出了新研步枪应走班用枪族之路。1978年全国科学大会召开，我国迎来了科学的春天，赶超世界先进水平的科学讲座热潮遍及中华大地。论证所技术顾问程尔康多次在军内领导机关做报告，介绍国外轻武器发展状况，提出轻武器现代化建议，建议中提出了步枪要向突击步枪方向发展，并使步兵班用枪实现枪族化。

步枪的突击性是指以灵便的火力使一定距离内多个生动目标尽快丧失战斗力的能力，是步枪的综合性能。影响火力突击性的因素有动作可靠性、威力和机动性。发射同一种枪弹的情况下，提高步枪火力突击性的措施主要是提高点射精度；缩短全枪长，适应丛林、坑道和乘车战斗要求，携行长度尽量短小；舍弃弯形全木托，采用带有小握把的半截式枪托；刺刀不必固连于枪口处，并考虑兼作匕首等用；枪口处要具有发射枪榴弹功能。

步枪突击性的发展是时代进步、科技发展、战场变化的驱动，趋势所在。将二代自动步枪的研制成果转变成突击步枪概念，采用可装卸的刺刀，以点射射击性能为主，不仅实现了步冲合一，而且兼有了枪榴弹发射器，可以发射枪榴弹，赋予步兵反轻装甲和面杀伤能力，大大提高了步兵班的综合作战能力，体现了步兵以点、面火力杀伤结合的作战理念，是步兵作战思想的一次跨越。

枪族的定义是结构基本相同，枪弹、供弹具和主要活动部件通用的若干种不同的枪的统称。同族的突击步枪、短突击步枪和轻机枪统称为枪族。由于短突击步枪装备于特种部队，步兵班内只需要突击步枪和轻机枪的组合称为班用枪族。部队装备枪族，便于训练、使用和维修，也便于生产、供应、补充和战场上的应急拆配。

在第二次世界大战中，各国班用枪械口径不一，枪型繁多，弹种复杂，训练和供弹不便，维修困难。战后，各国向一枪多用和弹药通用化方向发展，出现了枪族，其中班用枪族的发展最为活跃。班用枪族一般以突击步枪为基础枪，在突击步枪基础上，加长加粗枪管、加大容弹具、装上两脚架等构成轻机枪。在突击步枪基础上，减轻枪重、缩短枪长而构成卡宾枪（短突击步枪），供炮兵、工兵、通信兵等兵种使用。

1959年苏联定型使用了中间型枪弹的AKM/LPK7.62毫米班用枪族。1970年以后，小口径枪弹普遍应用，各种小口径枪族大量涌现。比较著名的有奥地利 5.56 毫米斯太尔 AUG 枪族、苏联 5.45 毫米 AK74／LPK74 枪族、英国在研的 4.85 毫米枪族，以及以色列 5.56 毫米加利尔枪族等。

未来我国班用枪族应当实现步枪和班用机枪主要零部件的通用互换，勤务实用性能会得到很大提高。我军步兵班用武器正在走向现代化、通用化、系列化发展的道路。

中国 1981 式班用枪族

选型试验与评比

1979 年 208 所自动步枪

1979 年 1 月 19 日，中央军委发布［1979］2 号文件，批复同意开展小口径步枪研制，同时明确要求"在研制小口径步枪的基础上，应抓紧同一口径的冲锋枪和班用机枪的论证和研制，并使它们的主要零部件互换通用，以形成步兵班用的轻武器族。但当前应集中科研力量，对现装备的 7.62 毫米步枪、冲锋枪、班用机枪积极进行改进，进一步提高其精度、减轻重量等，并使它们的主要零部件能互换通用。"

1979 年 3 月 27 日至 4 月 6 日，总后军械部会同五机部召开了班用枪族科研会议，贯彻落实军委 2 号文件。参加会议的有科研、管理、论证、研制、验收、试验、训练、教学等 34 个单位，涵盖了国内轻武器行业方方面面。军委科装委和解放军三总部、五机部的领导到会听取了汇报，参观了 7.62 毫米第二代自动步枪和 5.8 毫米小口径步枪科研样枪的射击表演，并做了重要指示。会议根据张爱萍副总参谋长关于"百花齐放、集中优点，形成一朵好花"的指示精神，明确了两种口径（7.62 和 5.8）班用枪族的研制任务分工和进度要求。关于 7.62 毫米班用枪族，决定组成 4 个研制组（296 厂与 9396 厂合作组、208 所与 9346 厂合作组、626 厂、浙江省军区后勤部），以原有科研成果为基础（208 所和 296 厂的第二代自动步枪，626 厂和浙江省军区新研制的 7.62 毫米自动步枪），开展 7.62 毫米班用枪族的研制工作，并确定 1979 年 10 月中旬在 31 基地和西安步校对 4 个枪族进行全面试验选型。

会议的召开，正值 2 月 17 日开始对越自卫反击作战之后的一个多月，前线部队反映纷纷传来：希望有一种结构简单、短小轻便、携带使用方便、机构动作可靠、精度好、火力猛、威力大、便于训练维修、同一弹药的班用枪族。分析未来，战场上步兵交火距离会缩短，双方开火时间更加急促短暂，火力密度和命中率要求提高，整体上需要有"枪战为主"变换为"炮战为主"考虑，同时要考虑增加反装甲、面杀伤能力。会后各组各自进行了技术攻关和样枪试制。

1979 年 5 月 19 日至 6 月 1 日，我军轻武器领军人程尔康带队到参战的 13 军 37 师 110 团和 111 团进行调研。深入连队召开座谈会 10 余次，听取干部、战士对于现装备武器的评价和改进意见。可以说，在

1979 年 208 所项目组成员邓福章用他们的自动步枪射击

程尔康在指导野外试验

战术技术要求里，字里行间都凝聚了部队指战员无私的奉献和殷切的期盼。

1979年6月6日至7月28日，为了在关键问题上摸清思路，探讨步枪向突击步枪转化的重要因素——枪管长度指标，轻武器论证所顾问程尔康马不停蹄地带队到重庆做了枪管截短试验。分别对管长600、520、480、440、400、360、320毫米的七种长度的初速和弹着密集度进行了射击试验。结果是直到最短的320毫米管长时的密集度没有明显下降。密集度与枪管长短找不出规律的原因分析：管长不同，枪管振动频率和振幅不同；弹道枪的夹具误差排除困难；截短后的枪口端面垂直度不一致；枪管内膛磨光程度不同。试验不理想，只有通过对内外弹道分析计算，确定步枪和班用机枪的枪管长分别为440毫米和520毫米为宜。枪管长度的确定为枪族的总体设计奠定了基础，也为精度、全枪长、全枪质量等指标提供了依据，并为研制工作顺利进行，创造了有利条件。

经过紧紧张张7个月奋战，208所和296厂都拿出了在第二代自动步枪基础上改进的枪族样枪。626厂拿出了两个枪族的样枪：一个是新复进结构的班用枪族；另一个是以1956式冲锋枪为基础的改造型枪族。南京军区后勤军械处与7316厂合作拿出了新设计的枪族。

1979年10月，4个组5个枪族的样枪同时参加了西安步校摸底选型试验和31基地设计定型试验。

应战的各个方案样枪结构诸元见附表，其他情况如下：

浙江省军区方案自1978年6月开始，由军械处助理员唐文烈自发设计，其特点如下：①回转式闭锁，为提高精度降低质心高度，缩短枪机长度，使闭锁支撑面浮动配合；②为减少自动机后坐能量消耗采用平移击锤，击锤簧套在复进簧内。

208所方案由陈培悟等设计，曾在1978年9月国家靶场进行过鉴定试验，基本达到设计定型条件。其特点如下：①回转式闭锁，短机头4齿承受膛底压力；②回转击锤式击发机构改为一次压倒，减少自动机后坐能量消耗。

296厂方案由王志军等在总结1963式自动步枪研制经验基础上，从1976年开始更新设计。1978年

1979年浙江省军区自动步枪

程尔康当年参加试验

底在国家靶场试验中多次出现卡壳、卡弹等故障，可靠性要求不能过关。该枪核心机构仍是回转闭锁，为提高射击精度，围绕自动机设计采取了一些综合措施：①加长了机匣导轨长度，加长机框自身导轨长度，加长枪机尾杆与机框配合长度到 70 毫米，在枪机往返 130 毫米运动行程中，加强对自动机运动的导引；②降低自动机质心高度，复进簧、活塞与枪管轴线垂直距离为 18 毫米（56 冲为 25 毫米），机匣导轨位于枪管中心轴线上方 6 毫米，与活塞、复进簧轴线中心靠拢，使自动机运动平稳，运动件质心降低，减小动力偶作用；③减小运动中撞击，防止射击时全枪振动影响点射精度，前后到位撞击面尽量接近枪管中心并左右对称；④机框下部外形采用平面，每次枪弹从弹匣内跳出时，不会撞到机框下方的"鸡胸"，迫使机框左偏或右偏，影响点射精度。另外，在机构动作可靠性上更是不厌其烦，浸河水试验共做了 26 次。

626 厂方案自 1976 年 5 月开始设计研制，1978 年 6 月进过国家靶场，单发精度与定型要求有差距。结构特点是复进簧套在活塞管上，机匣兼作复进簧座，去掉了复进机构。

上述 4 个方案不约而同地都放弃了全木长枪托，采用了半木托结构；都是用上了简化工艺并减轻重量的冲压铆接机匣；刺刀可以卸下作匕首。

1979 年 10 月 8 日至 11 月 10 日，4 组样枪在位于西安的兰州军区步校进行枪族选型试验。项目有分解结合时间测试、精度射击、进攻行进中射击精度、200 米冷热枪精度对比、零件互换后射击功能考核、队列操练、刺杀功能、10 千米携行军体验。

在试验中，5 个新枪族普遍实弹射击成绩较好，战斗勤务性能都优于当时的装备，受到了指战员们的欢迎。

1979 年 10 月 10 日至 11 月 20 日，31 基地对 296-9396、626、208-9346 和浙江省军区（7316 厂加工）的班用枪族进行选型试验。结论：296 厂方案的外形美，可靠性较好，理论射速太高，点射精度差（机枪 600 米散布密集界 166×210 厘米）；626 厂方案的精度较好，发射机构复杂；208所方案的外形好，全枪质量较轻，精度较好，防尘差；浙江省军区方案的结构简单，零件少，全枪质量轻，可靠性差。

1979年11月28日至12月10日，总后军械部和五机部科研局在北京召开了7.62毫米班用枪族选型会议。国务院国防工办、总参装备部、军训部派人参加了会议。会议成立了由16名成员组成的7.62毫米班用枪族选型委员会，总后军械部部长梁冰任主任委员，军训部副部长赵恒远、军械部副部长李开、五机部科学院副院长田牧任副主任委员，其他12名委员为轻武器教学研究、训练试验方面的专家。

会上首先汇报了西安、白城两地试验后的情况：4组方案的整体评价是步枪冲锋枪合一，走上了步枪、短步枪、班用机枪组成的枪族之路；精度明显提高；步枪质量比1956式半自动步枪（3.85千克）减轻0.59～0.15千克，班用轻机枪（7.4千克）比1956-1轻机枪减轻1.84～2.58千克；轻机枪的供弹都用上了9396厂的弹鼓，弹鼓的故障多；自动步枪的枪托都用折叠方式，具体结构都是626厂的斜笋自动补偿间隙设计，精度越打越高；自动步枪的枪口部位都可兼作枪榴弹发射器；刺刀都不固定于枪上；都加有小握把。

会议期间，军委科装委张爱萍主任、五机部张珍部长、总后封永顺部长、顾问李开湘，以及军事科学院、总参装备部、作战部、军训部等领导同志听取了枪族研制试验情况汇报表演，观看了5种枪族实物。张爱萍等领导对枪族研制工作提出了明确的指示要求：一是要搞好，集中各单位的主要优点，改进设计、满足部队使用要求。二是要抓紧，集中力量加快研制进度，早日定型、装备部队。

选型委员会根据 31 基地和步校试验情况，综合各方面意见，对 5 种枪族技术状况、选型方案及工作安排等问题进行了认真研究。一致认为，5 种枪族在技术上各有特点，但基本性能差别不大。从总体设计和综合性能看，208 所和 296 厂两种方案有原二代自动步枪设计基础，技术较为成熟。经选型委员会和业务机关部门反复研究确定，选取 296 厂和 208 所两种方案作为进一步研制基础，并认真吸取其他枪族的优点，继续研制。新枪族改为由步冲合一自动步枪（突击步枪）和班用机枪两枪组成，短步枪暂不考虑。

会议对《7.62 毫米步兵班用枪族战术技术要求》（修改稿）进行了讨论，提出了部分修改意见，确定由军械部组织修改后，以暂定稿下发，作为下一步枪族研制的基本依据。

会后兵器领导机关通知，遵照上级要求，开好一朵花，决定以 296 厂方案为主，9396 厂和 208 所参加，共同研制下一代班用枪族。

随后，总参谋部以［1979］参装 999 号文，向军委提出拟列装 7.62 毫米班用枪族报告。1980 年 1 月，国务院、中央军委以国发［1980］148 号文将 7.62 毫米班用枪族列入常规装备体制表内。

红花绿叶配

经过选型试验与评比，选型委员会的技术结论是在208所和296厂两个方案进一步融合。为尽快满足1979年对越自卫反击作战后官兵们对突击步枪的需求，领导机关决定扶植296厂方案，争取早日上马见效。从技术角度出发，红花需要绿叶配，方案各有千秋。尽管208所样枪的设计精细，综合性能较好，但有的方面不如其他竞争者。例如，白城靶场数据表明，步枪精度以浙江省军区样枪打得最好，100米单发半数弹着圆半径只有4.2厘米，其他3家都大于4.4厘米，点射精度同样优于其他竞争者；步枪的勤务型和外观也以浙江省军区的样枪最受部队赞扬。296厂在担当主帅研制后都充分做了吸收。

1980年6月17至20日，军械部和五机部联合在296厂召开7.62毫米班族技术审查会。会上对296厂枪族方案进行了分析。自动步枪是枪族的基础枪，但零件寿命也应达到机枪的寿命要求（20000发），且步枪的质量又不得太重。1956式冲锋枪自从改为冲铆机匣结构后寿命只有10000发，节套闭锁肩根部是薄弱环节，往往出现裂纹。1981式步枪闭锁结构与1956式冲锋枪基本相同，也是冲铆机匣，要按20000发寿命要求，必须在节套闭锁肩部位采取弥补措施，因此，1981式步枪改变了预转衬铁在节套上的装配形式，保持闭锁部位的完整，不削弱闭锁肩根部强度，并加强了节套右闭锁面与其基体的横向、纵向连接。

1980年11月7日至12月25日，296厂和9396

1981式7.62毫米步枪（木托左视）

1981式步枪(木托右视)

厂研制的班用枪族,在31基地进行设计定型试验。步枪达到了战术技术要求,步枪可以定型。班用机枪的机匣、枪机框、枪机、复进机座均产生眼见裂纹,弹鼓强度不够,弹鼓簧折断较多,未达到20000发寿命要求,暂不能定型。

1981年6月10日,轻武器定型委员会在重庆296厂召开了班用枪族定型工作会,会议要求研制单位针对31基地和部队试验中出现的问题(主要是班用机枪)认真查找原因,加以解决。要求对班用机枪做补充定型试验,考核其达标情况。

296厂研制的7.62毫米班用枪族在1981年上半年,先后在桂林步校、南京高级步校、福州军区86师、沈阳军区68师做了部队考核试验。1981年7月11日,军械部向296/9396厂发函:除改进勤务性能一些要求外,主要解决在福州、沈阳和广州军区试验中出现的弹壳贴膛问题。

1981 年 6 月，改进后的班用机枪又在 296 厂进行了常温机构动作可靠性和综合寿命补充定型试验，结论认为轻机枪主要零部件寿命基本达到了战术技术要求。但对弹膛镀铬不全、机匣与节套连接强度不够及机匣后端方孔裂纹等问题必须在加工工艺和尺寸上查清原因，彻底解决。

1981 年 7 月 10 至 28 日，改进后的班用机枪在白城做补充设计定型试验，补充试验表明可以达到战术技术指标要求，但还存在弹膛铬层不均匀、机匣与节套连接铆钉断开、弹鼓簧与复进簧寿命不足、机匣盖后方孔裂纹问题，需在生产定型前解决。

1981 年 10 月 26 日，国务院、中央军委常规军工产品定型委员会以［1981］军定字第 6 号文批准 1981 式 7.62 毫米班用枪族设计定型，并分别命名为 1981 式 7.62 毫米步枪（木托）、1981-1 式 7.62 毫米步枪（折叠托）和 1981 式 7.62 毫米轻机枪。

1981 式步枪（木托左视）

1982年6月19日，军械部会同兵器部在296厂开会商定：步枪精度指标增加100米冷热漂移偏差不得大于5厘米要求；机枪弹鼓容量100发降为75发。

1984年3月22日至4月19日，在宁夏中宁进行国内外步枪风沙条件下可靠性对比试验，结论为我国的1981式枪族的可靠性优于FNC5.56毫米步枪、奥地利AUG5.56毫米步枪、比利时MINIMI5.56毫米轻机枪。

到1984年10月，已生产木托的1981式步枪4万支，折叠托的1981-1式步枪500支。接着（1984年11月7日至12月6日）在白城生产定型试验，结论是步枪的全枪质量略超标，木托断裂，其他都已达到指标要求。1981式轻机枪在寿命试验中机匣出现10毫米裂纹，弹鼓卷簧破断，浸河水枪机复进不到位，结论为机枪不能生产定型。此后，经过改进和技术审查，于1985年完成生产定型。

在7.62毫米班用枪族竞争选型中，未能得到定型的3家在1981年7月后，不气不馁，善始善终，都进行了技术攻关，并将改进后样枪再进靶场考核。1981年9月1日至10月30日，208所7.62毫米班族又在白城进行设计定型试验，结论：步枪通过，轻机未过。1982年1月5至13日，陆军68师对208所、626厂两个枪族进行了寒区试验。

轻武器定型委员会于1984年8月6日和8月7日，分别以［1984］轻定字第11号（向208所、626厂）和第12号（向浙江省军区）发文，明确两种枪族和一种步枪鉴定合格，但不予命名，只作为技术储备。

1981式班用枪族性能斐然

该枪族采用导气式自动原理；枪机回转式闭锁机构；击锤回转式击发机；导气装置设有大小导气孔，步枪上有闭气挡（发射枪榴弹），调节塞的定位靠上护盖衬管，起到弹簧片的作用，简单可靠；有闭锁不到位保险和扳机保险；复进机由复进机座、大导管、导管导杆和复进簧组成，能保证各种条件下自动机工作可靠性；枪口处有19毫米长的消焰器，具有消焰、降噪和制退、防跳作用；瞄准装置为前圆柱准星、后

1981式7.62毫米班用枪族

缺口照门的机械式，步枪表尺分划为1～5码，轻机枪为1～7码，左右手都可以装订表尺，表尺板两侧有支耳保护，防止碰、压、损伤表尺板。表尺缺口上面有1个护翼，解决了表尺脊磨白反光、产生虚光影响瞄准的问题。

机匣体由厚度1.5毫米50#钢板冲压而成，盒形断面，形状简单，两侧突出大筋增加了刚度，前部与节套铆接，中部有中衬铁支撑，后部有尾座固定，机匣的刚度、强度得到保证，使用和生产中没有变形。机匣的导轨创造性地只用1条，在机匣体冲压时形

1999年国庆阅兵中步兵方队手持1981式步枪

1981-1 式步枪握在女军官手中

成，方便了生产。机匣内的击锤、连发机、阻铁分别用 3 根完全相同的轴插在机匣上，3 根轴用 1 个卡片固定在机匣上，卡片再由快慢机来固定，因此装卸分解发射机也非常方便，无须任何专用工具，在战地现场即可分解与结合。

枪族的步枪与轻机枪主要机构相同，其自动机、发射机、复进机、导气系统和供弹具等 65 个零部件可以互换使用，互换通用率达到 70%。互换不但便于生产，而且给训练和战斗使用及勤务保障带来极大方便；枪族的结构紧凑、质量轻，其中的步枪比 1956 式半自动步枪短 80 毫米，比 1956 式冲锋枪轻 0.4 千克；轻机枪比 1956-1 式轻机枪轻 2.5 千克。

供弹具是由钢板制成的弹匣或弹鼓，一般情况下步枪配备 5 个 30 发弹匣，机枪配备 4 个 75 发弹鼓。步枪、机枪供弹具完全互换通用。75 发快装弹鼓的结构是 1 个短圆柱体，在外壁圆周上有 1 个弹匣口部形状的出弹口。供弹时由装在弹鼓体内的涡卷弹簧带动拨轮转动，使枪弹沿弹鼓体内的螺旋轨道转动，依

1981式步枪在预备役部队中使用

次送至出弹口,被枪机推出弹鼓上膛,击发。此弹鼓比起俄罗斯的 RPK 弹鼓的优点是装弹、退弹可快速进行。压一下涡卷弹簧旋钮,解脱涡卷簧,打开弹鼓盖,推弹器旋至最后位置,就可装弹。弹头朝下,向拨轮上的空位插放,不分先后次序,可以双手插放,也可两人同时插放,十分迅速。盖好弹鼓盖,旋紧涡卷簧,装到枪上就可射击。当需要退出弹鼓内的枪弹时,只需解脱弹鼓簧,打开弹鼓盖,翻一下弹鼓就可把枪弹统统倒出来。此种快装弹鼓在国外也很受欢迎,已出口到美国,被民间市场上用作各种 AK 步枪的供弹具。

枪族的步枪枪管前段兼作枪榴弹发射器，起到发射、导向作用的长度 125 毫米，起到闭气作用的突环外径 22 毫米，突环间距分布合理；发射榴弹时须关闭导气孔，使全部燃气能量都用在推送枪榴弹上；这种兼顾式发射器增强了步枪手的轻反装甲能力和面杀伤能力，枪榴弹自身带有表尺板。枪榴弹发射器的尺寸是国际通用的，所以能发射许多国家的枪榴弹，使用范围比较广泛。

枪族中的步枪有固定式枪托（1981 式）和折叠式枪托（1981-1 式）两种形式。1981 式步枪的枪托、握把、上下护盖用楸木制造。1981-1 式步枪的折叠式枪托是用钢板冲压成型的，两侧装塑料护板，便于贴腮、握持，托内装附件盒。1981-1 式步枪的折叠枪托伸开后，能自动补偿磨损间隙，消除松动，便于提高射击精度。枪托尺寸符合我军一般战士的体形，上刺刀刺杀时也能牢固地握持。折叠枪托的步枪为行军携行和在狭小空间战斗使用提供了方便，后期生产和装备都是折叠枪托式，木托的 1981 式自行隐退。后来干脆将折叠枪托的步枪也叫成了 1981 式步枪。

枪族中的步枪配有可卸式刺刀，可兼作匕首和其他用途；刺刀作为一个独立部件，由刀身、刀鞘、挂带组成。刀刃部分为剑形，长 170 毫米，不开刃口。刺刀的两面有纵向加强突筋，突筋两边呈凹形血槽，表面乳白镀铬。刀柄为褐色塑料柄。刺刀全长 300 毫米，质量 0.22 千克。刀鞘为军绿色塑料壳，质量 0.072 千克。该刀的刚度极好，虽说原设计不是多

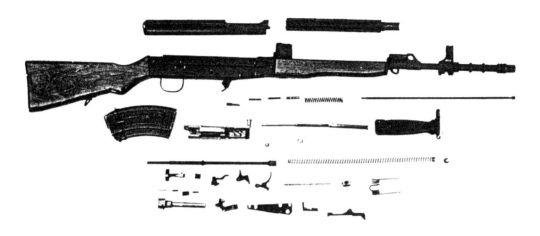

296 厂步枪方案样枪分解

功能刺刀,但老山前线部队曾经常把该刺刀用于挖、刨、攀登、撬开罐头等。

定型的 1981 式步枪性能:弹匣容量 30 发,发射 56 式 7.62×39 毫米枪弹,初速 720 米/秒,枪托打开全长 955 毫米、枪托折叠全长 730 毫米,全高 285 毫米,全宽 60 毫米,枪管长 440 毫米;全枪质量(含 1 个空容弹具、通条、油壶、附件筒):1981 式 3.6 千克,1981-1 式 3.75 千克;瞄准基线长 315 毫米;全枪寿命 15000 发。出厂的 100 米单发半数弹着圆半径 3.9 厘米,远比同厂出品的 1956 式半自动步枪 4.7 厘米精度高,比 1956 式冲锋枪 6 厘米更是拉开了档次。出厂的 100 米点射密集界为 16.7×15.8 厘米。

该步枪的不足是缺乏造型艺术,以致外国人称其为 81 式 AK;单连发射击方式转换的快慢机的位置和操控设计没有人性化;防腐性能较差。早期出厂的机匣盖有过时而跳出故障。

1981式7.62毫米班用枪族在我国轻武器发展史上是值得回顾和总结的光彩篇章，它是在20世纪50年代老设备老工艺老材料的条件下，我国自主研制、大量装备部队并受到好评的成功范例。对越边境自卫反击战后期的老山前线参战部队曾向296厂送了锦旗，旗上绣有"激卫国志壮老山魂"的字样。

肩跨56-2式步枪的老山前线战士

12

1985式7.62毫米半自动狙击步枪的仿制生产

狙击步枪率先半自动

20 世纪 50 年代，美国定型装备 M14 步枪，同时也在搞"精选 M14"，战场上 400 米外的精准射击优势突显。敌对两大阵营对立局势，迫使苏军 1958 年开始进行专用狙击步枪选型。第一步，从 5 个参选中选出西蒙诺夫（1894—1986）和德拉戈诺夫（1920—1991）两人所设计的方案枪；第二步，伊热夫斯克武器设计局叶夫根尼·费奥多罗维奇·德拉戈诺夫的枪中标，历经 5 年。1963 年 7 月 3 日苏军决定正式采用德拉戈诺夫狙击步枪，其俄语的英文音译缩写是 SVD。1967 年开始装备部队。

该枪的基本结构是 AK47 步枪的回转闭锁结构放大，改变之处是活塞长行程变为短行程，并加上气体调整器，小气孔适合精确射击，大气孔适合恶劣条件下使用，大小孔用弹壳作工具即可调整。所用狙击弹由萨维鲁尼柯夫、萨兹沃诺夫、德拉戈诺夫 3 人设计。

SVD 的基本原理与 AK47 突击步枪相同，采用导气式自动方式，固定枪管，枪机回转闭锁，不同的是采用了短行程活塞。活塞是 1 个单独的部件，不像 AK47 那样与机框连为一体，因此质量较轻。配用机械瞄具，表尺射程 1200 米。弹匣容量 10 发，发射 7.62×54 毫米专用狙击弹，亦可发射原有 7.62×54 毫米各种枪弹（重弹、轻弹、普通弹、穿甲燃烧弹和曳光弹等），枪管长 620 毫米，全枪长 1225 毫米，含消焰器枪管长 695 毫米，初速 830 米 / 秒（普通弹），射弹密集度是普通弹的 2/3；空枪质量 3.8 千克，含瞄准镜和腮垫的全枪质量 4.4 千克。100 米半数弹着圆半径 2.5 厘米，全数弹着圆半径 6.5 毫米；最大射程 3800 米，穿透钢盔距离 1700 米；1000 米对捣实积雪穿深 70~80 厘米，1000 米对松散土壤穿深 25~30 厘米，1200 米对木板穿深 20 厘米，200 米对砖墙穿深 10~12 厘米。

配用主弹是专门狙击弹，其具体数据俄罗斯一直没有公开。1992 年俄罗斯陆军武器在中国展示表演（简称 928 演示）中，提供了样枪、样弹。弹壳与 7.62×54 普通弹一样，弹头的外形稍偏细长，内部结构类似比利时 SS109 的前钢后铅弹头结构，弹头壳尖部有 1 个 3.84 毫米长的空腔，空腔后面是 6.55×12.67 毫米（直径×长）钢柱，后接 6.87×11.95 的毫米铅柱，弹头尾端有 2.74 毫米的空腔。SVD 狙击步枪膛线缠距在 1969 年改为 240 毫米，更好地匹配了狙击弹；此前缠距与普通弹和狙击弹匹配关系并不明确，中国按 1969 年前仿制缠距为 315 毫米。

配用 PSO-1 光学瞄准镜的射程 1300 米，分划板有电池供电照明装置，被动红外光点显示，瞄准镜的放大倍率为 4 倍，视场 6°，分辨率 12″，出瞳直径 24 毫米，出瞳距离 68 毫米，带目镜护圈全长 375 毫米，全镜质量 0.6 千克。

该枪的枪口处设有 AKM 步枪刺刀的安装接口。SVD 狙击步枪配备刺刀主要用作工具。AKM 步枪刺刀配用刺刀的质量 0.3 千克，刀刃长 163 毫米，刀刃宽 29 毫米，带鞘质量 0.5 千克，装刀后全枪长 1365 毫米。AKM 步枪刺刀是一种多功能战斗用具，除拼刺外还可用作匕首、铁丝剪、钢锯、螺丝刀等。

20 世纪 80 年代后，SVD 狙击步枪陆续出现了改进型号：1990 年左右出现 SVDS 折叠托型，与 SVD 相比，SVDS 枪管壁有所加厚，以增强长时间射击的可靠性和稳定性；机匣强度增加，以便更好地固定光学瞄准镜；枪托改为折叠式，其上装有塑料侧板和抵肩板；前护木由两块对称的枪管护板组成，其上有散热孔。21 世纪初推出 SVD 无托型，还有 SVDNZ 加装 IPN 夜视仪型，SVDSNZ 加装 IPN 夜视仪的折叠托型。

在军用狙击步枪中使用量最多，装备面最广的就是 SVD7.62 毫米狙击步枪，据 2016—2017 年英国《简式步兵武器年鉴》统计，从苏联/俄罗斯进口列装的国家、地区有 31 个，其中特别引人注目的是玻利维亚、印度、毛里求斯、尼加拉瓜、巴拿马、斯里兰卡、土耳其、也门等国，步枪用的是 5.56 毫米 M16 系列，而狙击步枪却特别选用 7.62×54 毫米苏联步枪；阿富汗、阿尔巴尼亚、阿尔及利亚、柬埔寨、埃及、埃塞俄比亚、格鲁吉亚等国大量装备的步枪已经转为 5.56 毫米 M16 系列，但狙击步枪仍坚持使用 SVD7.62 毫米狙击步枪。

SVD 狙击步枪的设计思想在国外也得到借鉴。20 世纪 70 年代，南斯拉夫的 M76 式 7.62 毫米半自动狙击步枪，即阿尔卡德希狙击步枪，是其衍生品。具体结构：机头开闭锁时的旋转方向相反；机头尾干上开有导槽，作为藏污纳垢之用。拉壳钩增大，机匣和弹匣上的凸筋不同，有明显的棕榈树形状。还有罗马尼亚的 FPK 式 7.62 毫米狙击步枪、伊朗 DIO 国有公司的 AL Kadisa 狙击步枪等都是它的改型枪。

从 1857 年英国人约瑟夫·惠特沃斯在当时散装黑火药、弹头、火帽击发的前装步枪上加装瞄准镜算作狙击步枪开始，直到 20 世纪 60 年代，狙击步枪走的都是精选步枪之路。1936 年步枪真正实现次发枪弹的自动装填以后，狙击步枪仍是从已有旋转后拉式非自动步枪中挑选出来的精度好的步枪，只是为比赛娱乐，制造有精度高的比赛枪弹。为战斗部队使用的专门研制的半自动狙击步枪，SVD 步枪属于先驱。总体上讲，狙击步枪的自动装填必要性不大，因为自动机的动作要对精确瞄准有所"牺牲"，但在某些战场环境下使用有所必要，半自动狙击步枪只能是狙击步枪中的一个分支，不是必由之路。

79式狙击步枪过渡

1979年，依据国防工办［1979］251号文件，296厂开始按照实物仿制SVD狙击步枪(刺刀没有包括在内)，1979年11月交货10支，供白城靶场等试验检测。时值对越边境自卫反击战后期双方对峙阶段，1982年11月工厂交货100支，分发到沈阳军区20支、昆明和广州军区各40支试用；1984年初又发到广州和昆明军区各180支试用。广西边防3师于1984年1月毙敌1名、4月毙敌7名。云南蒙自军分区于1984年1—2月毙敌2名，文山军分区于4月毙敌3名。

部队试用中发现，瞄准具分划与弹道不符，近距离校枪后远距离脱靶，反之亦然，什么距离校枪只能在什么距离上打。1986年7月轻武器论证研究所在雷州半岛濒海部队试验中，1000米距离上射击时出现了横弹，弹头乱飞，失去了射击效能；同期，在气温较低的白城靶场的1000米射击呈现全部都是椭圆形弹孔。

苏联SVD7.62毫米半自动狙击步枪是1963年设计定型的，1967年正式装备到部队使用。该枪主要发射精度较高的专用狙击弹，也能发射苏制7.62×54毫米普通弹，即中国仿制后定型的1953式步机枪弹/普通弹。这种弹原是俄罗斯M1908轻弹（铅心弹头，弹头长28毫米，初速840~855米/秒），经过弹头的铅心改成钢心后的普通弹（钢心弹头，弹头长32毫米，初速820~835米/秒）；两种弹的外形尺寸一样，外弹道基本一致,在枪上可以通用。

7.62×54毫米轻弹、普通弹与苏联狙击弹诸元比较

弹型	弹头结构	弹头质量（克）	初速（米/秒）	装药量（克）	弹头长（毫米）
普通弹	尖部无空腔	9.60	830	3.0	32.1
轻弹	铅心充满	9.60	848	3.30	28.60
苏联狙击弹	尖部3.84毫米空腔	9.80	830	3.16	32.45

1979年开始仿制的枪,使用早期引进的普通弹,少量发到部队,临时称为79式狙击步枪。

79式狙击步枪

1985 式狙击步枪出笼

1984 年，在对云南、广西边境部队和桂林等单位调查基础上，总结枪与弹的配合实践，将仿制的 7.62 毫米狙击步枪的缠距由 315 毫米调回到 240 毫米，国家靶场用 1953 式 7.62 毫米普通弹打出射表，工厂重新刻制瞄准镜分划，辅以枪和镜的多方工艺改进，研制新枪。

1985 年 7 月 10 日至 8 月 22 日，338 厂仿制的白光瞄准镜和 296 厂仿制的狙击步枪同时在白城靶场进行定型试验，结果瞄准镜因密封性差暂不定型；狙击步枪因扬尘后淋雨和浸河水试验中枪机后坐不到位，机构动作可靠性能差暂不定型。

经过工厂再次努力重制，重进靶场考核过关，最后批准定型为 1985 式 7.62 毫米狙击步枪。陆续发放

85 式狙击步枪左视

85 式狙击步枪右视

85 式狙击步枪不完全分解

85 式狙击步枪的枪机与机框

到部队使用后,部队反映良好。不足方面是枪身太长,不灵便;有的战士感到射击后坐力大,有的士兵不情愿,主要由于班用枪械用的都是 7.62×39 毫米中间型枪弹,对威力较大的 7.62×54 毫米枪弹略觉陌生。

经过领导机关列项批准、研制、试验等诸多程序,定型了 1985A 式 7.62 毫米折叠枪托的狙击步枪,其全枪长 1190 毫米(托伸)/970 毫米(托折),全枪质量 3.7 千克。

对配用该枪的光学瞄镜的意见是：①远距离测距困难，误差大，因为它的目标高度以 1.7 米为准，实战中并不常见；②不能准确测出目标运动的速度，不好定出瞄准提前量；③放大倍率 4 倍，对 800 米之外目标明显不够，应到 8 倍可调；④电池照明分划板不能解决照亮目标问题；红外感光屏只能显示目标为一个绿点，判断不出目标性质和距离；⑤瞄准镜与枪体连接易松动。

海军使用 85 式狙击步枪

13

5.8毫米1987式枪弹、1987式班用枪族的研制生产

掀起小口径研制热潮

1962年美国在越南战场开始试用AR15(M16前身)步枪后,1963年10月,在总后军械部召开的国内第一次轻武器学术座谈会上,军械研究所的李先荣和李伟如合作发表了《减小步枪口径的优越性及其数量界限》一文。

不久,李伟如(后任208所所长)用计算尺计算,通过整理大量数据发现:口径减小为6.0毫米左右,弹重系数取23～25克/立方厘米,初速取900～920米/秒时,不仅枪口动能可以小于1956式7.62毫米步机枪弹,大大减少了后坐力,而且600米距离上的比动能还能提高。

1971年3月,总后装备部召开常规兵器科研规划会(简称713会议),会上提出了"新自动步枪及枪弹研制计划"。项目要求枪弹适当减轻质量,600米距离上精度、侵彻力和对有生目标作用效果不低于1956式7.62毫米枪弹。

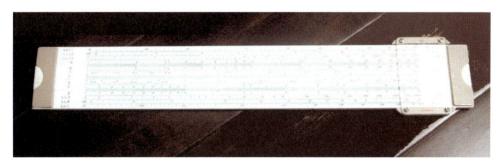

1970年代初期,启动中国小口径弹枪系统研制当时用的唯一工程计算工具——计算尺,其有效数字位数只有3位,精度很差

第五机械工业部以〔1971〕第1104号文下达了"新自动步枪及枪弹"科研项目。组建了7个会战组：东北组（321厂、671厂、626厂、375厂、475厂）；华北组（930厂、9121厂、376厂）；江苏组（940厂、971厂）；浙江组（941厂、973厂）；安徽组（942厂、972厂）；湘陕组（861厂、977厂、845厂）；四川组（791厂、296厂、255厂）。全行业展开了小口径枪和弹的论证工作。各会战组主要集中在5.2毫米、5.6毫米、5.8毫米和6.0毫米等口径上进行了论证探讨。

1972年10月26日至11月2日，总后装备部科研局与第五机械部科研局联合在北京召开新自动步枪科研工作会。11月3日五机部以五机科1683号发文。新的弹枪系统指标：口径6毫米左右，初速1000/秒左右，全枪质量3.2千克以下，寿命10000发以上，最大膛压313.9兆帕（3200千克力/平方厘米），有效射程400米，连发精度要优于1963式步枪。600米处枪弹的精度、侵彻力和对有生目标作用效果不低于1956式7.62毫米枪弹。要求配特种弹，结构简单，工艺性好，勤务方便，使用安全可靠，外形美观大方，适于我军作战特点。

会上选定以下问题需要专门攻关：①由四川组负责最佳口径选择；②由北京组负责减小抽壳阻力研究；③由华东工程学院和940厂负责最佳弹形选择；④由华东工程学院和930厂、376厂、9336厂负责膛线形状及缠距选择；⑤由861厂和977厂负责枪弹合理药室容积研究；⑥由972厂负责变化枪膛结构尺寸、降低膛压、提高初速的研究。

那个年代的研制工作具有以下特点：

（1）从管理上都是在各军区装备部门和国防工办领导下，实施两个"三结合"，即使用、生产、科研单位三结合与工人、技术人员、革命干部人员三结合，经费自筹，主动奉献。国家级专业院所插在其中，208所参加了321厂和626厂的东北会战组，华东工程学院参加了940厂和972厂浙江会战组、942厂和9336厂的安徽会战组，后勤高级专科学校（原后勤工程学院军械系，军械学院前身）参加了791厂和296厂的四川会战组。

（2）从技术上看属于同等水平，枪弹都是采用双基火药、弹壳采用1956式步机枪弹的弹壳缩口、弹头采用钢芯、铅套、被甲三件式，步枪基本类同于1956式半自动步枪或1963式步枪的改进型，弯颈式木托、20发弹匣、折叠刺刀，特别凸显当时强调的敢于刺刀见红的精神。

（3）工作精神非常可嘉，"一不怕苦，二不怕死"，日夜奋战，不为名不为利，一心扑在科研上。

下面回忆一下当时年龄已近60岁的程尔康教授参加研制的情况，他当年的身份是解放军后勤高级专科学校（后高专）教员，参加的是新自动步枪及枪弹项目的四川组。

四川组由成都军区领导，成员由重庆791枪弹厂、重庆296枪厂、泸州255发射药厂、华蓥山9821厂枪弹厂和宜宾661厂枪弹厂、54野战军军械处、后勤高级专科学校、总后驻渝办事处组成，296厂是组长单位，791厂是副组长单位。程尔康和袁国柱是后勤高级专科学校代表。

他们刚去时，四川组几个主要工厂的代表正在791厂对这3个口径步枪进行弹道设计，实际上只有枪弹厂和药厂一共两三个人投入设计计算。他们一去，增加了计算设计的生力军。在新步枪口径选择问题上，为了找出较满意的口径，791枪弹厂赵智提出，从5.81、5.6和5.20毫米3个口径中筛选。先说5.6毫米口径，因为296厂与他们厂以前一直分别生产5.6毫米口径运动步枪和枪弹，从这个口径开始做论证试验，比较容易；提出5.81毫米，寓意解放军纪念八一南昌武装起义；提出5.20毫米，寓意纪念当年毛主席的"5.20声明"。

在5.20、5.6和5.81毫米3个口径方案研究中，先是5.20毫米弹威力未达标，被淘汰。其后对另两个口径，经多次试验研究，同时达标，而5.6毫米的膛压较高。在讨论5.6和5.81毫米口径的取舍过程中，考虑到口径大一点，加工容易些，废品也少些，成本会比较低些。很快统一到5.81毫米口径上来。

在1972年10月的专业会议上，程尔康代表四川组汇报选择口径的经验，提出并解说在给定的口径和战术技术指标范围内选择口径的方法。当时除四川组是由3个口径选优外，其他各组都是在6.0毫米以内任选一个口径，其中一组选5.8毫米，其余都选6.0毫米。

1973年10月，296厂正式设计了5.81毫米口径自动步枪，并做出了结构不同的两种样枪；弹厂制造了提供试验用的 5.81 毫米枪弹；药厂又对发射药做了改进。在各厂分别做了多次单项试验后，在宜宾 661 厂的靶场做了综合试验，比较满意地解决了枪口火焰大和膛压峰值过高的问题。1.75 克装药弹和 1.72 克装药弹的威力，在 400 米距离上都能穿透 5 毫米厚 A3 钢板，在 600 米距离上侵彻胶合板的深度与杀伤山羊的作用效果都优于 1956 式 7.62 毫米枪弹。1.72 克装药弹在 600 米处的动能和断面比能都比"56 式"大 11.8% 和 92%；至于 1.75 克装药弹，在 600 米处的动能和断面比能更大，分别比"56 式"大 29% 和 122%。100 米距离上射弹散布，虽然在弹道枪上是 3.5 厘米，比"56 式"有较大差距，而 100 米距离上步枪的点射散布，则远优于 1963 式步枪。试验后决定，1.75 克装药、初速 950 米/秒的 5.81 毫米枪弹用作弹的进一步研究，1.72 克装药、初速 935 米/秒用作步枪设计研究使用。

初选、集中、竞争

总后装备部于 1974 年 4 月 10 日至 27 日，在浙江云和 972 厂、湖南辰溪 861 厂两地同时进行了首次小口径步枪系统选型试验。在浙江云和 972 厂进行的是步枪选型，湖南 861 厂进行的是枪弹选型试验。

各枪厂提供步枪样枪方案

步枪厂家	971	376	9336	977	972	626	296	973
用弹厂家	940	930	940	861	941	321	791	942
口径（毫米）	5.8	5.8	5.8	6.0	6.0	6.0	5.81	6.0
初速 V_{25}（米/秒）	980	980	950	1002	994	不详	不详	950
闭锁机构	起落	回转	回转	回转	回转	回转	起落	回转
全枪质量	3.3	3.5	3.4	3.4	3.0	3.2	3.3	3.0
全长（刀开）	1300	1310	1250	1326	1260	1340	1290	1200
全长（刀折）	1020	1000	1010	1047	1016	1025	1021	1200
瞄准基线长	480	500	480	不详	不详	515	503	420
缠距（毫米）	180	260	260	240	240	300	260	300
枪机质量（克）	140	80	49	75	95	370	136	337
机框质量（克）	200	325	365	225	123	90	242	337
自由行程	90	155	120	100	96	90	114	100
机匣制造	锻造	锻造	无缝管	冲铆	锻造	冲铆	锻造	无缝管
枪托形式	全托	全托	全托	半托	全托	半托	半托	全托

各弹厂提供的枪弹方案

厂家	861	321	941	942	791	940	930	9121
药厂	255	475	475	255	255	255	不详	不详
口径（毫米）	6.0	6.0	6.0	6.0	5.81	5.8	5.8	5.8
全弹重（克）	12.5	13.0	12.2	不详	12.4	12.15	13.97	12.6
全弹长（毫米）	56.4	57.5	55.5	57.5	56.5	58.9	58.0	56.0
装药量（克）	1.48	1.72	1.88	1.92	1.75	1.75	1.75	1.75
弹头重	4.23	4.23	4.20	4.15	4.10	3.85	3.90	3.90
弹头结构	钢芯铅	铅心	铅心	铅心	铅心	钢芯铅	钢芯铅	钢芯铅
弹头长（毫米）	24.0	20.2	23.5	22.0	22.25	22.22	22.83	22.83
药室容积（平方厘米）	1.93	1.86	1.91	1.86	1.85	1.85	1.89	1.89
弹壳长（毫米）	40	44	41	42.5	42	43.5	41.1	39.1
初速 V_{25}（米/秒）	1001	971	1031	952	950	950	980	980
最大膛压（千克/平方厘米）	3344	3390	3256	3152	3200	3374	3400	不详

各药厂提供火药方案

厂家	255	475	375	845
主要成分	硝化棉 76.5%~80.5% 硝酸酯 12%~16%	硝化棉 81.5% 硝化甘油 17.5%	硝化棉 78%~83% 硝化甘油 16.3%~16.7%	硝化棉 81.5% 硝化甘油 17%
爆热（千卡/千克）	916~978	940	908	878
比容（升/千克）	738~762	935	不详	786
爆温（度）	3043	3043	2890	不详
火药力（千克力分米/千克）	96	104	111	93
真比重	1.60	1.60	不详	1.60
假比重	1.0	不详	0.98	1.0
药型尺寸（毫米）	0.3左右	0.30~0.38	0.21~0.25	0.27~0.30
比表面积（平方厘米/克）	70~85	220~250	不详	不详

经过两地样枪、样弹试验对比，小口径系统以5.81毫米口径方案和6.0毫米口径方案比较突出。6.0毫米方案由两组汇合，一组由浙江972厂的步枪、湖南861厂的枪弹和陕西845厂的发射药组成，该组早期工作得力，在1972年9月25日至10月13日就到31基地进行了6.0毫米枪弹的摸底试验；另一组是321厂与475厂的6.0毫米方案，该方案也曾于1973年5月至8月到31基地进行了6.0毫米枪弹的摸底试验。5.81毫米口径方案由成都军区重庆兵工办领导，

主要由重庆 296 厂的枪、重庆 791 厂的弹、泸州 255 厂的药组成，该组到 1973 年 10 月已经进行了 6 次大型试验。

5.81 毫米口径方案枪弹的射击精度和 600 米的侵彻作用不如 6.0 毫米枪弹，但其他性能（如枪口冲量和 600 米距离上动能）都比较好。自动步枪样枪的试验，296 厂用 5.81 毫米减装药弹射击，性能（包括外弹道和终点弹道性能）比其他各会战组的枪都好。总之，296 厂由于是老厂，条件比较优越，试验做得更充分些，问题摸得更透一些，因此试验中 296 厂的样枪占上风，而 861 厂的 6.0 毫米枪弹在总体性能方面占上风。最后由兵器工业部轻武器处的谭有江代表上级宣布 6.0 口径组和 5.81 口径组继续研制，其他厂、所不再组织，其主要人员加强到这两个组内。

此后，程尔康强调：弹头的加工公差只能达到 0.03 毫米，5.81 毫米枪弹口径中的 0.01 毫米无实际意义，于是 5.81 口径改成 5.8 毫米。

到此为止，中国的小口径系统研制由遍地开花进入集中组织竞争阶段。

5.8 与 6.0 两个口径枪弹研制三年并进

1974 年，总后装备部科训处与五机部科教处联合发文决定：由 296 厂、791 厂、661 厂、255 厂、940 厂、后高专（总后勤部高级专科学校军械大队）组成一个会战组，开展 5.8 毫米枪弹和步枪研制，由 861 厂、845 厂、9336 厂、973 厂、972 厂、375 厂、475 厂和华工（华东工程学院一系）组成一个会战组，开展 6.0 毫米枪弹和步枪研制。

1975 年 9 至 10 月、1976 年 11 月、1977 年 6 至 7 月，5.8 毫米会战组为提高弹着点密集度、600 米距离上钢板穿甲和木板穿深能力、600 米打羊和射击水箱模拟威力等问题进行了大型试验。6.0 毫米会战组 1975 年在减小抽壳力方面通过降低最大膛压、弹膛部位热套、增加弹壳硬度、减薄弹壳厚度等途径进行了探讨。历经全面改进设计研究，1977 年初到 31 基地对 6.0 毫米枪弹进行摸底试验。在 6.0 毫米口径步枪研制中，9336 厂一直坚持弹壳后坐间隙式自动原理的步枪研制，持续到 1980 年 11 月 8 日。自从 713 会议以来，在华工 105（华东工程学院 105 教研室）教员指导下先后进行了 6 毫米及 7.62 毫米 11 支样枪研制，三进 31 基地试验。常温下 0.9~1 毫米间隙原理机构动作正常，结构简单、枪重减轻、点射精度高，但因弹膛熏烟严重，后坐能量不易控制而停止。

经过 3 年的努力，两个会战组都取得了阶段性成果。

1977 年 9 月 14 日至 10 月 5 日，第二次小口径枪和弹的对比试验在 31 试验基地进行，试验项目：V_2、P_m、R_{50}、侵彻、I_{43}、火药燃烧性、V_C 等弹枪诸元，消耗 791 厂新弹 8498 发，861 厂新弹 9448 发。

791 厂 5.8 毫米枪弹与 861 厂 6.0 毫米枪弹诸元

诸元	单位	5.8 毫米枪弹	6.0 毫米枪弹
全弹质量	克	12.59	12.60
弹头质量	克	4.24	4.56
火药质量	克	1.758	1.763
拔弹力	千克力	86	64
初速 V_2 20℃	米/秒	950.0	946.5
初速 V_2 50℃	米/秒	968	967
初速 V_2 -45℃	米/秒	888	917
最大膛压 20℃	千克/平方厘米	2755	2870
最大膛压 50℃	千克/平方厘米	3019	3048
最大膛压 -45℃	千克/平方厘米	2435	2721
300 米 R_{50}/R_{100}	厘米	5.7/16.7	7.5/17.2
600 米 R_{50}/R_{100}	厘米	17.4/38.7	19.6/38.0
400 米速度	米/秒	619	573
600 米速度	米/秒	485	439
600 米穿透 2 毫米 $50^{\#}$ 钢板后侵入木板深度	厘米	11.54	8.77
火药燃烧完全率		99.6%	99.9%
西亚切弹形系数		0.459	0.494
弹道系数		3.68	3.90
寿命射弹数		5711	3000

结果表明，5.8毫米和6.0毫米两种枪弹的全弹质量、600米以内的各项性能（速度、动能和浸彻力）均优于56式7.62毫米枪弹；6.0毫米口径枪弹的内弹道好，表现在低温下初速和最大膛压变化比较小，燃烧完全性好；5.8毫米口径枪弹的外弹道好，表现在弹头质量比6.0弹头质量轻7%，弹形系数、600米飞行时间、末速和侵彻力优于6.0弹。总评5.8毫米枪弹的综合性能稍好于6.0毫米枪弹，但火药的稳定性略差。

5.8 口径步枪弹准备上马

5.8 毫米口径新弹与 6.0 毫米口径新弹对比试验后，1978 年 1 月 17 日至 20 日，20 研究院主持召开了小口径枪弹工作会。会上主要观点认为，国外小口径为 5.56 毫米，我们的小口径选用 5.8 毫米即可。当时的情况是 1963 式步枪装备部队后，质量不佳，反对呼声四起，1976 年 3 月 6 日，常规装备发展领导小组只好宣布恢复 1956 式半自动步枪生产，研制新步枪迫在眉睫。采用 1956 式 7.62 毫米步枪弹的二代步枪的"四争一"选型正在进行；新的小口径步枪研制任务就是用 5.8 毫米替换 7.62 毫米的 1956 式枪弹。

小口径枪弹工作会上也有观点认为，我国的小口径可以选用 6.0 毫米口径，外弹道远距离能量储备多一点，尝试兼顾重机枪用弹。由于从 1970 年中央军委常规兵器领导小组第 6 次会议开始，就已经明确的研制任务是小口径的步冲合一自动步枪弹，此次会议对 6.0 毫米口径兼顾重机枪用弹的观点未能重视。

1978 年 5.8 毫米枪弹（左）与 1956 年 7.62 毫米枪弹（右）

791厂为澄清小口径弹的加重弹头能否作重机枪用弹，竭尽本厂所能，采用5.8枪弹的加重弹头，于1978年4月专门到华蓥山进行了远距离射击试验，4月24日呈现的结果是，在800米处的动能只有24~29千克力米，要想达到重机枪起码要求，应当在30千克米以上，5.8毫米口径作重机枪用弹有困难。为什么应在30千克米以上？主要考虑到未来战场上重机枪需要在800米距离上击毙戴钢盔的敌人。此前试验得知，国外M193式5.56毫米枪弹的弹头穿透钢盔一侧，并穿入盔内猪头动能需要42千克力米左右，1956式7.62毫米枪弹的弹头能量需要30千克力米左右。

1978年，以程尔康为首的小口径步枪弹研制团队总结了小口径（5.8或6.0毫米）的优越性：有利于减轻枪弹质量，提高携弹量（100发56式枪弹的总质量相当于130发小口径弹）；有利于提高射弹的断面比能，增大弹头穿透力；有利于失稳后的弹头翻滚，扩大杀伤效果；有利于弹道低伸，加大直射距离；有利于减小后坐力，提高点射精度；有利于减少材料消耗，便于后勤供应等。

但是，国内观点并不一致。当时部队中营级以上军官、各级政府部门及企事业单位领导多数经历过抗日战争，流传的说法是：三八式步枪弹的口径6.5毫米，比较小，打到身上常是一个小眼，受伤后休养一段时间，很快又回到战场；6.5毫米口径的威力都不足，比6.5毫米还小的口径行吗？

关于三八式步枪弹的流传说法是对的，但是不全面。说它对，原因有二：其一是三八式步枪采用了当时各国军用步枪中最小的膛线缠距，只有200毫米，其他步枪至少是240毫米。缠距的长度短，射出的弹头转速快，陀螺稳定效果好，击中目标不易翻滚；其二是三八式步枪的弹头长度较长（32.51毫米），是口径的5倍，而当时各国步枪弹的弹头长为口径的3.7～4.2倍，长弹头在高密度的介质内不易翻滚，不易翻滚的弹头向目标传递的能量少，杀伤效果就差。说它不全面，杀伤效果小指的是近距离的情况，在较远距离上，弹头的弹道飞行速度和弹头自旋速度都要下降，下降后的三八式步枪弹的精度和杀伤效果还是比较好的。1938年9月的庐山脚下，日军"少将级影像明星"饭冢国五郎就是在800米距离上被中国军人用三八式步枪首射一发毙命的。

当时负责轻武器科研工作的总后军械部大力支持小口径弹枪研制，并积极出面向军事科学院、总参军务部、总参军训部、总参装备部等许多部门进行宣讲，准确认识小口径枪弹威力。1978年5月30日至6月12日，在北京郊区的解放军轻武器研究所，在燕山脚下工程兵试验场，举行了多次小口径步枪表演。每次参观表演人数20到300人不等。表演项目除常规精度射击外，还有打钢板、木板和打肥皂、打猪、打羊的杀伤生物试验。其间恰逢全军后勤工作会议召开，参会人员全部被拉到靶场参观表演。

表演项目显示：100米卧姿依托单发弹着密集度R_{50}4.8厘米、220米对8毫米厚的A3钢板穿透率为100%。穿甲和200米打猪（入口直径15毫米，出口在50×40~70×130毫米之间）。

轻武器论证所程尔康顾问向首长们汇报

5.8 毫米和 6.0 毫米两种口径枪弹的表演结果

项目	单位	5.8 毫米弹	6.0 毫米弹	56 式 7.62 毫米弹
220 米 8 毫米厚 A3 钢板	穿透率 %	100	100	0
400 米 50# 钢板后松木板	毫米	201	166	120
600 米 50# 钢板后松木板	毫米	157	115	74
100 米，单发弹着圆 R_{50}	厘米	4.5	4.8	5.2
100 米，点射弹着圆 R_{50}	厘米	24.3	19.8	13.4
300 米，单发弹着圆 R_{50}	厘米	10.4	15.2	14.5
100 米穿肥皂空腔体积	升	0.325	0.640	0.330

几次演示，军队的许多高级领导都来看了，张才千和李达副总参谋长等都到了场。李达在现场看过试验效果后说："打得死人了！"。

眼见为实，见到高初速的小口径弹的杀伤力明显大于普通的7.62毫米枪弹的杀伤力，扭转了许多人们脑海中的印象，高初速的小口径弹丸在近距离的杀伤作用不必怀疑。当时对猪的射击试验结论是："新的小口径枪弹的杀伤威力比1956式枪弹有提高，表现为皮肤出口增大，出口皮下死腔增大，弹道周围崩解碎裂的组织（失活组织）增多。弹道创伤的特点是：入口小，出口大，伤道呈喇叭空腔形；弹道周围组织损伤严重，出口皮下形成巨大死腔，内脏器官炸裂严重，急性体内失血可造成动物当场死亡。"

小口径枪弹造势活动中，解放军轻武器研究所积极提出了小口径枪弹和步枪的战术技术要求。1978年6月14日，在小口径步枪战术技术指标讨论会上，总后军械部科研处长李一林说：前几年属于论证工作，枪弹方面做得多，296厂在小口径自动步枪上做了巨大努力，5.8毫米自动步枪的闭锁方式采用中间构件起落式，枪机长度非常短，只有59毫米。主要故障是卡壳，原因是射后弹壳没有充分抛转空间。现在开始工程设计，要求5.8毫米枪弹在1980年定型，5.8毫米步枪在1982年定型，1985年部队试装。

1978年7月10日，总后军械部向总参上报［1978］后械943号《请审批小口径步枪战术技术要求》。

1978年8月26日，军委科学技术装备委员会办公室召集总参装备部、总后军械部、总参军训部、国防工办、五机部开会，科工委副主任刘华清主持，专题研究我国小口径武器发展问题。总参装备部长杜平讲到："要考虑我们国家的底子，子弹不少了，决不能有一个新东西就换，要搞技术储备。小口径步枪作为科研项目是需要的，搞出来，也不一定换。"刘华清副主任讲到："这个项目不着急，目前我们的枪和弹都不少，也没有那个能力全换装，只能慢慢换。抓紧搞，可少生产，多试验，反复试验，搞得可靠些。"

1978年11月15日，兵器工业部科研局发文，20研究院［1978］五科456号《新口径自动步枪有关问题通知》明确提出：经过7年的研究试验，5.8毫米和6.0毫米两种口径方案都能达到战术技术指标，虽然各有所长，但由于口径相近，性能上没有显著差别。为便于组织，集中人力和物力，高速度、高水平地研制一种小口径新步枪，我们和总后军械部研究决定，5.8毫米小口径武器转入设计和研制阶段，6.0毫米口径武器的论证从明年起不再列入计划。

调整内弹道，准备枪弹定型

1978年11月，领导机关在两种小口径方案之间，确定走5.8毫米路线后，1978年底到1979年初解放军轻武器研究所会同白城靶场轻武器试验所在黑龙江做了寒区试验，采集了最冷季节我国最冷地点的5.8毫米枪弹（弹道枪发射）的600米侵彻、弹着密集度。

1979年1月19日，中央军委在［1979］第2号文件批复：同意开展小口径步枪研制，同时明确要求"在研制小口径步枪的基础上，应抓紧同一口径的冲锋枪和班用机枪的论证和研制，并使它们的主要零部件互换通用，以形成步兵班用的轻武器族。但当前应集中科研力量，对现装备的7.62毫米步枪、冲锋枪、班用机枪积极进行改进，进一步提高其精度、减轻重量等，并使它们的主要零部件能互换通用。"

从1979年开始，领导机关已经决定把小口径弹及枪列为科研项目，集中科研力量先搞出7.62毫米枪弹的班用枪族。出此决策的背景：一是因前些年"准备大战，备战、备荒为人民"之后，大量枪支弹药已经库存，打起仗来够用。二是从1968年7月开始，大量下发装备部队的1963式自动步枪遭到部队反对，要求"还我半自动（1956式半自动步枪）！"从中得到警示，换装处理一定慎重。三是国民经济基础差，底子薄，先利用现有，不急于求新。于是小口径弹及枪的研制工作放缓，让位于7.62毫米班用枪族研制。

1978年以前，小口径弹枪系统的研制主要精力集中在枪弹方面。从 1979 年开始加强了步枪研制工作，如 296 厂的小口径步枪由中间构件起落闭锁改成了常规的回转闭锁机构，791 厂为配合枪厂试制了 15 万发 5.8 毫米新弹。试验中反映出的问题是 5.8 毫米弹最大膛压高，枪口处膛压高。

从 1979 年开始，在 5.8 毫米新枪弹系统内的药厂、枪弹厂和步枪厂之间，为协调最大膛压、步枪枪口压力、抽壳故障率和火药燃烧完全性等问题，多项反复试制、试验。1981 年中期，研制各方统一调整到：5.8 毫米新弹的发射药以硝化甘油火药为准，600 米动能 40 千克力米，最大膛压 ≤ 2900 千克力 / 平方厘米，520 毫米长枪管的枪口压 600 千克力 / 平方厘米以下；440 毫米长枪管 700 千克力 / 平方厘米以下，用硼钢制造的枪管寿命 6000 发，用铬钼合金钢制造的枪管寿命 8000 发，弧形膛线可到达 8000 发，寿终原因主要是弹着散布大于 2.5 倍，枪口磨损严重。

1981 年 11 月 12 日至 12 月 17 日，研制 5.8 毫米枪弹的 791 厂和 255、845 两家发射药厂到白城国家靶场进行了设计定型试验。靶场的试验结论是装 255 厂发射药的 791 厂 5.8 毫米枪弹可以定型；装 845 厂发射药的 791 厂弹药量偏差大，初速度差大，300 米的半数弹着圆半径（R_{50}）大，600 米动能及火药燃烧率未达标，不能定型。

1981 年 12 月 22 日，20 研究院召开会议，经与军方商议，5.8 毫米枪弹需要补充定型试验，备弹 30 万发；要求在 1982 年 9 月进白城靶场，之后还要进行部队试验。

1981年底，5.8毫米枪弹首次进行了国家定型靶场试验，枪弹厂和发射药厂的项目组成员接着投身靶场设计定型补充准备工作。

中国56式、81-1式、87A式、03式步枪

经受外"销"冲击，
以"枪"定"弹"稳步走

与研制小口径枪弹相关的国际大背景在变化。美国的5.56毫米步枪弹普及到西方各国之后，1980年10月28日，北大西洋公约组织经过4年的持久而繁杂的选型试验，声明正式将比利时5.56毫米SS109枪弹作为北约第二种标准化的步机枪弹，标准号为STANG4172；同时声明继续保留第一种标准化的7.62毫米步机枪弹。

20世纪80年代，改革开放热潮席卷中华大地，全球经济一体化苗头已经显现，中国经济开始与国际接轨。

1980年2月25日，国务院、中央军委批准北方工业公司开展兵器外贸。1981年1月，五机部副部长唐仲文向国防科工委主任张爱萍汇报工作时，以科研要缩短战线为由，要求停止5.8毫米枪族研制。兵工界下层各厂领导和主要科技人员也都说，5.56毫米枪弹使用的国家多，好外销！在1982年7月20日一次会议上，兵器工业部（当年5月五机部改称兵器工业部）副部长唐仲文再次向副总参谋长刘华清汇报说："小口径枪弹是否采用美国的5.56毫米枪弹，有利于外贸出口"。刘华清指示说："小口径是发展方向，请军械部尽快研究，把口径定下来，抓紧研制工作，尽快定型换装"。

1979年7月26日英国《每日电讯》突然报道苏军已经大规模装备了5.45毫米AK74突击步枪消息，

引起了各国对苏联 5.45 毫米新型小口径步枪弹的兴趣。1981 年 6 月军方轻武器论证研究所对苏联 5.45 毫米枪弹进行了 400 米、800 米外弹道测试，判断为此弹是适合于步兵班火力的枪弹。西方 5.56 毫米枪弹确定升级到 SS109，苏联 5.45 毫米枪弹大量装备，使中国军内各级机关对"加速小口径替代 7.62 中间型枪弹"认识提高了，1981 年 12 月 22 日，军械部助理董焕庆曾透露：总参已三次催问 5.8 弹进展，小口径要上！

国内，在 1979 年军委 2 号文件指导下，7.62 毫米班用枪族研制承接第二代自动步枪研制成就，进展很快。1981 年 10 月 26 日，国务院、中央军委常规军工产品定型委员会以［1981］军定字第 6 号文批准了 1981 式 7.62 毫米班用枪族的设计定型。

综合国际、国内形势，总后军械部决定我国小口径发展分成两步走，先用 1981 式班用枪族改用 5.8 毫米枪弹，以成熟的枪定型新枪弹，把枪弹的工作搞扎实。新的枪弹定型之后，再研制定型新的小口径班用枪族。

1982 年 3 月 10 日至 13 日，总后军械部在南口召开 5.8 毫米武器系统研制工作会议，李开副部长主持，会议宣布：此前研制的 5.8 毫米枪弹属于第 1 型，第 1 型不列装，但要做补充定型试验，并准备进行部队试验。兵器科学院副总工程师李鸿昌宣布：为准备定型试验和部队试验，296 厂将 1981 式步、机枪改成 5.8 毫米的步枪 20 支（每支定价 1000 元）和 5.8 毫米的机枪 10 挺。791 厂和 845 厂各自制造硝化甘油的 5.8 毫米枪弹 20 万发（每发定价 0.40 元）。两厂的发射药重新补做燃烧完全性和药温系数试验，弹头要补做 300 米、600 米密集度和 600 米弹头动能试验；弹壳要补做强度试验。845 厂的发射药要重新做内弹道试验。

经过 1 年努力，第 1 型 5.8 毫米枪弹（用弹道枪发射）的设计定型补充试验于 1983 年 8 月 9 日至 13 日在白城国家靶场进行。精度、初速、最大膛压等都满足战术技术要求；但 600 米动能为 40 千克力米，火药燃烧完全性为 98.7%～99.0%，两项指标没有达标（42 千克力米、99.9%），不能定型。

尽管补充设计定型试验未能通过，为了深化研究 5.8 毫米新弹，遵循总后军械部安排，在改为发射 5.8 毫米枪弹的 81 式 7.62 毫米枪族上于 1983 年 8 月 15 日至 12 月底，在 3 个步校（石家庄陆校、桂林陆校、大连陆校）云南陆军 40 师、齐齐哈尔 68 师、辽东 86 师），进行了 5.8 毫米弹试验：一致反映噪声大，弹壳炸裂多（炸壳故障率 1.3%～4.23%）；出现无传火孔 1 发、瞎火 1 发。

1983 年 10 月 17 日，兵器部（四局）以 181 号签发《挤压双基球扁发射药配方鉴定会纪要》。

1983 年 12 月 18 日至 27 日，296 厂 81 改步枪做了 5.8 毫米枪弹的枪管寿命试验，结果是寿命达不到 10000 发，只有 6000～8000 发。

枪弹口径东西方对峙，中国认真分析

20世纪80年代初，中国班用枪械的口径抉择面临北约"5.56"与华约"5.45"对峙。当然需要试验数据，为此开展了一系列工作。由于苏联5.45毫米枪弹数量太少，791厂专门按实物对其进行了仿制。

1982年11月28日至12月6日，军队轻武器论证研究所同791厂在四川华蓥山试验做了自己研制的5.8毫米弹与仿制的5.45毫米、5.56毫米枪弹对比试验。枪弹发射具：固定枪架上的弹道枪，口径5.8毫米的弹道枪管长440毫米、520毫米，5.45毫米的弹道枪管长415毫米、590毫米；口径5.56毫米枪弹用的是战斗枪，其枪管长508毫米。

1982年12月19日至1983年1月7日，军队轻武器论证研究所同791枪弹厂和296枪厂在黑龙江呼玛进行了寒区试验。试验点选择的是中国最冷的地点，时间选择是最冷的时候。这次试验首先要从技术上解决普通仪器和人员的御寒问题。当时我们持有的测试仪器、摄像设备等，达不到严寒条件下的使用要求，如晶体管测试仪和摄像机等电子仪器设备标定的使用温度是在零下15摄氏度以上使用，而试验场地自然温度为零下40～50℃。为此，只好采用将"仪器房"架设在能够牵引滑动的爬犁上，爬犁罩上棉帐篷，生起火炉的土办法来加以解决。整个试验全是在零下25℃至零下48℃气温条件下进行的，尽管大家都身穿毛皮衣裤加毛皮大衣，头戴毛皮帽，手戴毛皮手套，脚穿毡袜和毛皮大头鞋，仍然觉得冷分分，试验时需要不停地运动和跺脚,双脚会仍被冻麻木。

三种枪弹弹道枪射击结果(1982年)

弹种	600米密集度 R_{50}(厘米)	400米弹头动能(千克力米)	600米穿钢板后的木板深(毫米)	钢板后木板设置 50# 冷轧钢板厚2毫米,后面紧贴25毫米干松木板的重叠
自研5.8毫米	12.9	68.7(管长440)	75(管长520毫米)	
仿制5.45毫米	17.8	53.4(管长415)	81(管长590毫米)	
美国5.56毫米M193式	20.9	未打	未打	

这次试验进行了5.8毫米枪弹与5.45毫米枪弹(进口原弹和仿制两种)、仿制的5.56毫米枪弹的对比。发射具用的弹道枪,5.8毫米的枪管长520毫米,5.45毫米枪管长590毫米,5.56毫米枪管长508毫米。试验结果证实,5.8毫米枪弹在低温条件下,在600米距离上具有比5.45毫米枪弹和5.56毫米M193式枪弹更大的速度和能量,能够穿透头盔。同时也发现了新情况,新5.8毫米枪弹在低温时膛压升高,初速增高,弹壳有纵向破裂。

1983年9月1日至23日,总参轻武器论证研究所在3种小口径弹(5.8毫米弹、比利时SS109、苏联5.45毫米弹)内弹道试验的基础上,在河北怀来官厅水库进行了外弹道试验。试验项目有初速,300、600、800、1000米距离上的弹着密集度,400、600、800、1000米距离上速度及飞行时间,400、600、1000米距离上侵彻肥皂,600、800、1000米距离上侵彻2毫米厚冷轧钢板后叠层木板,740、780米距离上侵彻钢盔内羊头,740、750、780米距离上侵彻钢盔内木板，780 米距离上侵彻制造的盔板，640 米距离上侵彻 3.5 毫米厚 A3 钢板。

军方做了 3 种小口径枪弹对比试验后，工业部门于 1984 年 8 月 11 日至 24 日，组织 208 所在河北怀来官厅水库再次进行 3 种小口径枪弹远距离外弹道试验。试验项目有初速，100、300、610、810 米距离上的弹着密集度，200、400、600、800 米距离上速度及飞行时间，300、600、800 米距离上侵彻 2 毫米厚冷轧钢板后叠层木板，640、700 米距离上侵彻 3.5 毫米厚 A3 钢板，210、310 米距离上侵彻 10 毫米厚 A3 钢板。试验总结由杨金耀写出。

军方和工业部门对试验的认识是一致的。5.56 毫米枪弹由弹壳沿用狩猎小口径而来，弹头从 M193 到 SS109，原定 300 米作战距离得到延伸，侵彻能力增强，整体设计有所迁就。5.45 毫米枪弹强调常用作战距离内杀伤效果，突出小口径武器系统特点，材料普遍，制造容易。5.8 毫米枪弹从一开始就强调了 600 米班用枪械作战效能，装药较多，材料普遍，制造容易。

总体来看，3 种口径的最大差值仅为 0.35 毫米，属于同一量级，都具有初速高、质量轻的优点。5.45 毫米枪弹最能体现小口径武器特点；5.8 毫米枪弹与 5.56 毫米 SS109 枪弹性能相当，5.8 毫米弹头采用一般钢芯，远距离的侵彻力比不上 SS109 弹，采用淬火钢芯则会优于 SS109 弹。

3 种小口径中，5.8 毫米枪弹口径最大，射程稍远，能否再接再厉，兼顾到中型机枪上的问题自然产生。1984年12月19日前后，791厂在华銮山做了试验，5.8毫米枪弹的弹头（弹头质量增加0.5克左右）常温下800米处能量为30千克力米；1000米处19千克力米；1000米处能穿透50号2毫米厚钢板后再穿入木板10毫米。5.8重弹与普弹在三统一（弹径、全长、弹壳）条件下1000米动能20千克力米，比较低，尽管通过弹头结构挖潜，会取得较好侵彻效果，但作重机枪用弹有所勉强。

考虑大国地位，走上 5.8 毫米口径之路

北约 5.56 毫米枪弹当时在欧洲已有 14 个国家、亚洲已有 12 个国家、美洲已有 10 个国家、大洋洲和非洲已有 8 个国家装备使用，贸易前景广阔，华约 5.45 毫米枪弹设计水平高，但国内军方认为中国是一个大国，这个口径抉择不宜向两大阵营的任何一方靠拢，应当自立于世界之林，立足国内，应当继续坚持走独立的 5.8 毫米口径之路。

在确立 5.8 毫米口径的十几年的岁月里，我国轻武器前辈程尔康不仅起到了总师的指导作用（当时

1985 年 7 月军方论证所在河北怀来打头盔

装备部长杜屏讲话的底气来自仓库的库存量很大。1964年毛主席说要准备打仗。于是战略上要按300万人打一年，基干民兵8千万计算搞储备。

没有建立总师制度），而且在理论上也亲自拉计算尺（当时没有计算器，更没有计算机）解决了弹道优化、坡膛精确设计、极端气象条件等具体问题；在具体设计和试验中与袁国柱、赵智等"小口径人"被公众列为排头兵。时光冉冉，后人少见程尔康大名，是因为他甘于奉献，淡伯名利，回顾"小口径"不能不提这一点。

中国小口径的具体方向确定之后，军械部科训处和兵器工业部二局联合商定：系统研制继续沿着在1981式枪族上改用5.8毫米口径，坚持弹和枪的一起定型方式走下去。首先解决1983年部队试验中暴露出来的抽壳不畅并体裂、噪声大、枪管寿命短和外形差等问题。经过项目组改进、试制，于1985年1月14日至2月28日，在31基地进行了摸底试验，步枪和机枪都不达标。项目组继续向解决枪管寿命、弹壳强度、底火脱落、燃烧完全性、改善外形方面攻关。

1985年4月23日，总后军械部发布准备设计定型的通知，再订购试验用弹200万发，步枪120支，机枪44挺。经过1985年8月、1986年10月设计定型和补充定型试验，通过国家靶场考核。

1987年4月23至27日，国家轻武器定型委员会办公室在重庆791厂主持召开了5.8毫米枪族、枪弹、发射药定型鉴定会议。

1988年2月4日，〔1988〕军定字5号文：国务院、中央军委常规军品定型委员会批准5.8毫米枪族和枪弹定型。命名为QBZ87式5.8毫米步枪和QJB式5.8毫米班用机枪、DBP87式5.8毫米普通弹。

14

1987A式5.8毫米步枪的研制生产

应急受命，仓促上阵

1987年4月23日至27日，国家轻武器定型委员会办公室在重庆791厂主持召开了5.8毫米枪族、枪弹、发射药定型鉴定会议。随后按程序上报文件，申请等待正式定型的批准。因为既定方针是"以枪定弹"，等待期间上上下下没有马上组织批量生产。

1987年夏，中央决定要在1989年举行国庆40周年阅兵式，解放军总参谋部与国防科工委联合组成了受阅新武器装备领导小组。小组确定了受阅新武器名单，名单中列入了即将定型命名的QBZ87式5.8毫米步枪。问题来了，受阅步兵方队端着中国新一代小口径步枪正步走过天安门，人们瞪眼一看，就会发问，

81式7.62毫米步枪（上）与87式5.8毫米步枪（下）对比

怎么还是 7.62 毫米 1981 式步枪呀？因为新的小口径步枪是 7.62 毫米 1981 式步枪改过来的，新型 5.8 毫米小口径枪弹"不露面"！

1987 年 9 月 7 日，国庆 40 周年阅兵新武器装备领导小组第一次会议发布纪要，纪要通知中第 7 项是"受阅的 5.8 毫米步枪在外形上要明显区别于 1981 式枪族中的步枪，请机械委有关工厂与总参轻武器论证研究所抓紧提出方案，批准后再投产。"

于是，1987 年 9 月 10 日，在总参装备部和机械委组织下，立即成立了由轻武器论证研究所 4 人（袁国柱、刘立本、何涛、马式曾）、208 研究所 7 人（朵英贤、涂光苏、孟成良、林久彬、姚武、邓福章、崇瑞峰）、重庆 296 厂 4 人（刘肇祺、杨道巩、华建农、田洪宾）、四川自贡 216 厂 2 人（王世良、蔡佑彬）、山东济南 53 非金属材料研究所 1 人（金恒星）组成的突击队。突击任务是将 1987 式 5.8 毫米突击步枪改变外形，让其以崭新面貌参加国庆 40 周年阅兵。具体的要求是：在保持 1987 式步枪内部构造和性能不变的条件下，外形要与 1981 式步枪有较大变化，显示中国独有风格，壮我军威国威。

一支步枪彻底更换外装，设计阶段不算，光重新组织投产，按当时生产水平用于制定工艺、生产加工夹具、模具、量具和生产线的重新调配布设和生产实施至少需要两年的时间；保证部队阅兵前的操练，至少要在半年之前将新枪交到战士手中。两者的时间叠加，留给改型方案设计的时间就非常紧张了。

方案、设计、评选、加工和试验一气呵成

"改型攻关小组"于 1987 年 9 月 10 日开始战斗。大家认识到：这项突击任务是关系到提振国威、展示军威的大事。尽管时间紧，要求高，难度大，一定要开动脑筋，群策群力地完成好。经过第一阶段统一思想，大家一致认为：要保证性能不变，外形实现大的变化，只能对枪托、护手、准星、照门及弹匣几个部件"开刀"。于是，人自为战，充分交流，自由组合，苦思冥想，连续五六天出台了 6 个外形结构方案，并各自设计改型部件。攻关小组专门到中央工艺美术学院（1999 年并入清华大学）请人参加造型设计。9 月 24 日开始绘制外观彩色立体效果图，形象化显示构思成果。首先全组内对各个方案进行了特点分析对比，在 6 个方案中重点推出 3 个方案。将 1987 式步枪、5.8 毫米步枪和 6 个改型方案做成照片展板，10 月 5 日的上午和下午，将展板分别在总参装备部和机械委员会办公场所展出，让领导们留下印象，征求意见。10 月 10 日，接装备部曹鲁烟参谋电话，当天上午总参装备部办公会上研究，新步枪改型同意采用第二方案，请安排造出样枪后向军委汇报。于是改型攻关小组重新按第二方案的部件划分小组，详细研究、设计各自零件，绘制样枪加工图纸。又是连续 10 天，完成 12 个部件、58 张图纸的设计计算。于 20 日将图纸交到了试制工厂。

燕山脚下的 208 所试制工厂，在要求高、时间紧、工装少的条件下竭尽全力赶制，20 个日夜连轴

方案 1 构想

方案 2 构想

方案 3 构想

方案 4 构想

方案 5 构想

方案 6 构想

87A 式 5.8 毫米步枪（注意：上下护手的散热孔已成圆形）

87A 式 5.8 毫米自动步枪左视

转，在 296 厂生产原枪主体结构基础上，于 11 月 10 日拿出了三支改型样枪，与 87 式步枪相比，87A 式步枪有了 3 个变化：①外形不同于苏联步枪式样，也有别于欧美等国步枪，独具一格；②材料有突破，弹匣、护木、握把和枪托使用了尼龙 1010 改性工程塑料，质感现代，手摸触感舒适；③金属表面不再发蓝处理，改用了铁路车辆厂采用的黑色磷化，防锈性能好，抗磨能力强。另外，护手上散热孔由选型定案时的方孔改成了圆孔。11 月 16 日开始，将样枪向何其宗副总参谋长、装备部贺鹏飞部长、科工委怀国模主

87A式5.8毫米步枪左视

87A式5.8毫米步枪（装刺刀）左视

任、机械委邹家华主任等高层领导做了汇报，领导满意，决定阅兵就用这种枪。

为了更好地向制造工厂移交，改型攻关小组又对塑料弹匣、塑料护木利用208所设备做了常温、高温、低温和浸河水的可靠性试验；重新对设计图纸进行了细微推敲审定，制定验收技术条件。改型攻关小组于12月3日向兵器工业公司二局移交全套加工图纸，经过80天的团结奋斗，终于圆满完成任务。

此间，轻武器论证研究所提议，改型的 1987 式步枪需要配用多用刺刀，而且这个刺刀可直接用到即将研制的新 5.8 毫米步枪上。1988 年 3 月 28 日，总参装备部发［1988］装字 215 号文，批复同意多用刺刀使用要求。296 厂仿照美国 M9 刺刀外形进行了研制。

投产试用不放松

87A式步枪

1988年2月4日，国务院、中央军委常规军品定型委员会〔1988〕军定字5号文批准5.8毫米枪族和枪弹定型。中国第一代小口径枪弹、步枪和班用机枪分别命名为DBP87式5.8毫米普通弹、QBZ87式5.8毫米步枪和QJB87式5.8毫米班用机枪。国防科工委同期下达了87式5.8毫米枪弹、改型后的87式5.8毫米步枪和87式5.8毫米班用机枪批量生产任务。

1988年7月6日至15日，轻武器定型办公室重庆296厂召开了5.8毫米改型步枪鉴定会。11月试生产中，发现塑料弹匣上卡笋的强度和扣合余量不足，并有8起断裂现象。总后军械部要求确保塑料弹匣质量，并提出塑料弹匣不行就上钢弹匣。53所应急改进后，卡笋的强度提高一倍多；塑料弹匣寿命达到钢弹匣的2000发。装备部与军械部协商，确定驻厂军代表抽检方案：在工厂全部验收出厂合格基础上，每1000个弹匣为一批中，抽出25个，用合格的枪射击，每个弹匣射600发弹，每批只容许一个弹匣出现1次故障。

1988年12月至1989年9月，军地双方对当时最担心问题——塑料件老化问题做了阳光加速老化、湿热加速老化、室内常温自然加速老化试验。以冲击强度下降50%为判定标准，初步结论断定10～15年。从技术进步角度出发，先走这一步。后来的1995式5.8毫米步枪进行了改进，寿命已经大为提高。

塑料步入枪械用材，人们担忧的次要问题是耐热

87式（上）与87A式5.8毫米步枪（下）对比

问题。1989年2月21日至27日，解放军轻武器论证研究所用53所制造的护手进行了耐热射击适应试验：5个弹匣150发枪弹，以单、点、连射击方式在2分钟内射完，上护手温度达58°C，下护手52°C。

1989年9月，生产出的首批步枪和班用机枪发放北京军区的卫戍3师、116师部队进行试用。

1989年11月24日，轻武器定型委员会发出［1989］轻定1号文《5.8毫米改型步枪鉴定批复》，并命名为QBZ1987A5.8毫米自动步枪。

1989年12月12日至17日，在重庆召开87A步枪和87班用机枪批量生产鉴定会。

1990年9月，依据总参装备部［1990］842号文件，向沈阳、北京、南京和广州军区各发放1000支87A步枪和90挺87班用机枪；向空降兵发放步枪

300支和机枪30挺；向石家庄、桂林陆军学院各发放步枪100支和机枪9挺。

1991年11月，依据总参〔1991〕装字第1128号文件，承接试用部队总结了QBZ87A式5.8毫米步枪和QJB87式5.8毫米班用机枪部队试用情况，部队一致认为该枪族携弹量大，点射精度好，步枪采用塑料件和黑色磷化表面处理后的抗腐蚀性能提高，外形设计新颖，反光部件少，易操作。但也提出24项改进要求。

87A式步枪在伞兵手中

296 厂和负责塑料件的 53 研究所对部队提出意见进行研究、分析、试制和试验，将解决措施落实到图纸和技术资料的修改和样枪加工上。1992 年 3 月底，在 296 厂进行了厂级工厂鉴定。改进后的后续批量 5.8 毫米小口径枪族再次发放北京卫戍 3 师 11 团等部队进行试用，征求意见。1992 年 12 月 4 日至 5 日由轻武器定型办公室召开了新式改型的 5.8 毫米自动步枪鉴定会。

1987A 式步枪在我国的枪械发展史上有 4 个创新，为后来的 1995 式研制工作搭建了桥梁，趟出了路子：①步枪外形上有了非苏非美式步枪的独特风格；②首次使用工程塑料，迈开了中国聚合物材料成为枪械主要用材之一的步子；③钢件表面处理上甩掉了发蓝氧化的老路，开始了黑色磷化；④配用了兼有匕首、钢锯、钢剪和螺丝刀等功能的多用刺刀。

1987A 步枪诸元：1987 式 5.8 毫米枪弹；弹匣容量 30/20 发，枪管长 440 毫米，初速 920 米/秒；全枪长 1115 毫米，枪托折叠后枪长 730 毫米，全枪质量 3.9 千克，理论射速 450 发/分，配属刺刀质量（含刀鞘）350 克。

1995式5.8毫米步枪的研制生产

四家争先

87A 式 5.8 毫米步枪定型后，加上已经定型的 87 式 5.8 毫米班用机枪、87 式 5.8 毫米普通弹，开始正式投产装备部队。国内有关各厂家、院校和研究所早已摩拳擦掌，力争为国家新一代枪族多做贡献。因为在 1979 年 1 月 19 日的 [1979] 第 2 号文件中，中央军委就已明确：同意开展小口径班用枪族研制。

针对总参轻武器论证研究所提出的小口径班用枪族战术技术指标，总参装备部征求军内有关部门意见，并经与工业部门讨论，1989 年 2 月 3 日，总参、科工委下文，批准新 5.8 毫米班用枪族系统战术技术指标。此项研制分两个阶段：第一阶段为方案论证，竞争投标，由论证研究所办理；第二阶段为研究制造阶段，交工业部门办理。

1989 年 5 月 8 日至 12 日，新 5.8 毫米自动步枪设计方案图纸评审会召开。有 4 个团队送上图纸方案，4 个方案的自动原理都是导气式，因为这种原理是公认的最成熟方式。总体布局都以采用无托结构形式为主，具体设计方案就各显神通了。

部队一位设计师唐文烈与浙江 947 厂合作的 A 方案是短机头且晃动，回转式闭锁，平移式击锤，后方撞击采用封闭在机框内的惯性子撞击缓冲，刚性抛壳挺，总体安排上特别注意上下质量的分配均衡，能像法国 MAS 步枪一样，枪口朝下倒立，而且枪托长度可调。华东工程学院与河南 126 厂合作的 B 方案是机头回转闭锁，机头上有 7 个闭锁齿，开闭锁的定型槽在机头上（主要目的是消除"楔紧"），开闭锁导柱在机框上，两根复进簧，平移式击锤，后方撞击时采用斜面摩擦缓冲，弹性抛壳挺，有两脚架。208所与自贡216厂合作的C方案是机头回转闭锁，机匣分上下两半，上机匣为钢制，下机匣为塑料成型，击锤回转击发，刚性抛壳挺，有3发点射机构，两脚架作为下护木，全枪重心力求接近枪膛轴线。重庆建设厂的D方案是短机头回转闭锁，击锤簧与复进簧合二为一，后方撞击采用杠杆式转向缓冲，机框平移击发，机框导轨加长，刚性抛壳挺，快慢机位于护圈内，护木与前握把合一，全包塑料外壳。

1989年各方案步枪样枪的全长、质量及主件特点

	A方案	B方案	C方案	D方案
全枪长（毫米）	748	740	740	722
枪质量（千克）	3.27	3.5	3.3	3.35
击锤	平移式	平移式	回转式	平移式
闭锁	回转	回转，7齿闭锁	回转	回转
机头	短且晃动	防楔紧	防楔紧	防楔紧
机框	惯性减速子	常规	常规	长导轨
导气	导气箍与准星座合为一体	导气箍与准星座合为一体	高压导气式低压枪机后坐式的混合；双活塞对称推动	导气箍与准星座合为一体
突出特点	机框内有3个惯性减速子，人机工效好	活塞轴线与枪膛轴线，平移击锤，使机匣高度仅为53毫米	"七心"合一，活塞、机框、机头、复进机、全枪质心、枪托支撑都与枪膛中心重合	后方撞击改为撞击回转杠杆，杠杆转向压缩缓冲簧，效果较好

评审会上 20 多名专家打分，评选结果是：A 方案得分 79.6，B 方案得分 83.6，C 方案得分 66.9，D 方案得分 84.4。评审组建议 4 个图纸方案同时转入试制加工样枪阶段，一年后进行样枪方案选型。参评条件确定为各方案团队提供：①3 支无托步枪，2 支折叠托步枪；②产品图 20 份；③方案说明书 40 份；④汇报录像片 1 部；⑤外形照片 40 张。

竞争深入

在迎接样枪选型过程中，C方案要奋发跃进，下决心重新设计，采用了七心合一理念、双活塞和三排弹匣设计。七心合一是指全枪质心、活塞受力中心、抵肩作用力中心、机框质量中心、机头质量中心、复进机中心、枪管中心都要重合在一条直线上；双活塞设计是指有两个对称的活塞动力系统；三排弹匣是指在传统的双排弹匣基础上增加一排。

1990年5月296厂的无托样枪

1990年4月29日，各家经过一年的努力，将各自3支样枪、样枪设计图纸、录像片，送达了石家庄陆军学院。

1990年5月4日至12日，在石家庄陆军学院实施了4个5.8毫米步枪方案的作战使用性能试验。进行了7个队列操枪动作、15个单兵战术动作、靶场精度射击（100米单发散布、400米单发散布、100米点射）、部队、训练场常规2、3、4、5练习射击、乘车实弹射击等14个项目对比。

1990年5月15日至20日，在208所和军队论证所内进行了9项技术性能试验以及静态测量、枪口噪声、弹头初速、自动机后坐速度、高低温、扬尘后淋雨、浸河水的可靠性对比项目。试验耗用5.8毫米样枪12支、87式5.8毫米枪弹5万发。

1990年5月24日至30日总参谋部装备部主持召开了新5.8毫米自动步枪样枪评审工作会议。国防科工委、总后军械部和兵器工业总公司代表及特邀专家共80人与会。会上由具有枪械作训、使用、设计、

1990年5月296厂折叠托样枪

材料、工艺制造、维修方面知识和经验的36位专家分3个专业组（结构设计、材料工艺、使用性能）构成评审组，评审组对7个单位研制的4种步枪方案的样枪进行打分评议，评分项目分为动作可靠性、射击精度、重量、人机工效、维修性、机构新颖可行性、新材料新工艺、外观造型、枪族性、工艺经济性。评分前两名的是D方案（296厂）71.3分和C方案（208所、216厂）68.1分。

会议评审组结论：鉴于4组样枪的结构上各具特色，主要结构难于融合成一体，并因研制时间短促，方案的论证和试验验证尚不充分，建议参照打分结果和对各样枪的评审意见优选出两个方案，再进行一次新5.8毫米自动步枪的选型。

会后，国防科工委科技部认为，新步枪研制的第一阶段（方案论证阶段）可以告一段落。1990年9月8日，国防科工委以［1990］技办1241号文下发通知：小口径班用枪族的研制要发挥全行业的整体技术优势，改变以往各家独自研制的习惯，设计团队由208研究所和4家工厂共同组成。任命朵英贤为总设计师，林久彬、夏和安、向庆元为副总设计师。确定208所的朵英贤挂帅，是因为他先后曾是北京工业学院、太原机械学院轻武器专业教授，各工厂和研究所的许多专业骨干都是他的学生，威望高；加上他组织过1967式轻重两用机枪的研制，步入小口径班用5.8毫米班用枪族研制工程后担任C方案的设计组长。由于研制的组织是集中了轻武器行业内优势，多家联合，官方组织任命，所以人们称这个18人的5.8毫

1990年5月华工和126厂合作的样枪

1990年5月唐文烈与974厂合作的无托样枪

米枪族设计组为"国家队"。

为充分满足作战使用要求，总参装备部让论证研究所于1990年11月13日至15日专门召开了有部队、军事院校、机关和军代表参加的新5.8毫米自动步枪方案研讨会。会上对现有4种样枪中浙江省军区唐文烈方案的人机工效做了肯定，全枪质心最接近枪管轴线，自动机主、被动件的质量比大，开锁运动平稳有力，机框内装有惯性减速块，降低理论射速效果好，枪口朝下倒立的整体布局，机构简洁便于分解擦拭。

对 296 厂 B 方案的整体塑料外壳强度寿命有所担心，人机工效需改进。认为 208/216 厂 C 方案的双活塞双导气结构会造成横向尺寸过大等一系列问题。提出由于步枪装备数量大，各种部队要求不会一样，因此建议无托和折叠托两种都要。

1990 年 5 月，4 家参选中的无托步枪样枪

集中攻关

总设计师上任后，首先打通原来各参研单位的技术封锁，进行互相补充，突破各自本来思路的局限，在国内寻求相关技术的支撑点。然后以"一体化工程"规划设计指标和可应用的技术框架，运用并行作业和网络管理方法开始了工作。

1991年7月，总师带"国家队"怀揣方案，到石家庄陆军学院和北京怀柔驻军，了解战士们步枪使用状况，以及对新小口径枪族的使用要求，以便更好为"兵"服务。

1991年9月，"国家队"提出4个方案，召集行业专家们开会审查。4个方案的情况如下：

方案1：1990年选型的D方案改进，加了第二个小握把，加了缓冲器，明确了弹匣的三点定位，使供弹可靠性增加。

方案2：1990年选型的C方案改进，长活塞杆变成两个短冲杆，五心（活塞受力中心、机框质量中心、机头质量中心、复进机中心、缓冲簧中心）合一，加了第二个小握把。

方案3：1990年选型的A方案改进：握把变成两个，枪托改成可抽拉调整。

方案4：新增加的一个半自由枪机原理的方案，加上D方案的缓冲器。

各方案主要结构参数对比（1991年）

方案	枪机质量（克）	导引长（毫米）	枪机行程（毫米）	机匣高（毫米）	全长（毫米）	握把空间（毫米）	扳机托底距离（毫米）
方案1	450	287	135	5	715	83	360
方案2	430	85	130	6	730	68	375
方案3	404	88	110	7.5	746/905	68	393
方案4	430	81	130	5.5	740	61	371
87A	455	81	130	5	730/965	不详	325

经过会议讨论，决定把风险大的半自由枪机方案下马，以D方案为保底方案，再搞一个新方案，两案再进行方案评审。

1992年9月2日至26日，又在石家庄陆军学院进行了两个方案4种枪、队列操枪、6项单兵战术动作和7个实弹射击课目的考核。

1992年10月，5.8毫米枪族样枪方案评审会召开。在总师的领导下提交了两个方案，两个方案的基本情况如下。

1992年无托步枪方案

1992 年 5.8 毫米步枪的两个方案

项目	单位	方案 1	方案 2
导气方式		单活塞短行程	单活塞短行程
闭锁机构		螺旋面闭锁	直面闭锁
机框导轨导引长	毫米	287	236
击锤方式		平移	回转
缓冲器		杠杆式	无
表尺码数射程	100 米	1、3、4、5	3、4、5
瞄准基线长	毫米	334/419（无托枪）/（折托枪）	299/421（无托枪）/（折托枪）
全枪长	毫米	719/915	721/931
全枪质量	千克	3.3/3.5	3.1/3.3
枪管长	毫米	463/440	440
自动机行程长	毫米	135	130
枪机主从件质量比		6.2∶1	5∶1
扳机距离托底板	毫米	361/330	375
自动机质量	克	440	530
扳机拉力	牛顿	25.5/30	36/40
消焰效果		差	好

27 位专家经过实物研究，样枪射击，理论分析，认为下一步应当以方案 1 为基础，保留其击锤式发射机结构，吸收方案 2 的机匣、外形等优点进行优化。

1992 年 12 月，总师主持在大连陆军学院进行了枪族白光瞄准镜选型试验。共有 4 个光学厂参加，每厂各出 2 个方案，每案两具样机。进行了精度射击、黄昏射击、隐现目标射击、地面运动目标射击、夜间射击、单枪防御射击、勤务性能等试验对比。评选结果为轻机枪可以采用四川一光学厂的开普勒望远式瞄准镜，步枪可以采用湖北一光学厂的简易准直（光点）式瞄准镜，也可以采用与轻机枪相同的瞄准镜。

1992年折叠托步枪方案

进港壮国威

1993年5月,在总师领导下,经过充分辩论研究汇成了一个方案,完成研制任务书编制。

1994年3月,上级要求5.8毫米班用枪族作为中国人民解放军进驻香港部队用枪。研制进度需要加快,当年10月进国家靶场进行设计定型试验。

中国 95 式步枪

1995年1月至8月,按照武器研制定型程序,先后在黑龙江、甘肃、广东、海南进行了寒区、风沙区、常温区、热区和海区的部队试验。

研制中主攻了无托结构的烫手、熏烟、噪声大三大难题。

1995年10月5.8毫米枪族闯过了方案论证、正样枪(机)设计、工程研制和技术攻关、设计定型试验和部队试验道道难关,完成设计定型。95式5.8毫米枪族设计合理、性能先进、结构新颖、使用可靠、操作方便、造型美观,与国外同类产品相比,最大的优势是以最轻的全枪重(3.35千克)发射世界上三种小口径弹中最重(4.2克)的弹头,点射精度好,达到了当时世界领先水平。

关于95式5.8毫米自动步枪的先进之处，正如朵英贤总设计师（1999年当选为中国工程院院士）在2006年7月31日央视《新闻会客厅》节目中曾画龙点睛地说道：M16总师斯通纳和AK47总师卡拉什尼科夫本事高，M16精度高，AK47可靠性好，但在力学上他们有缺陷，我们在动力学方面更有优势，95式5.8毫米自动步枪精度上不弱于M16，可靠性上不弱于AK47。

1996年11月，自贡厂完成95式5.8毫米轻机枪152挺试生产任务。

1997年2月，5.8毫米枪族发到进港部队手中，7月，解放军挎着5.8毫米班用枪族，雄赳赳气昂昂进驻香港，壮了国威军威，并标志着我国轻武器跨入了国际先进行列。

手持95式步枪的解放军驻港部队正在认真操练

步枪口径三足鼎立的世界格局

13世纪出现突火枪——世界上最早的步枪，14世纪到19世纪中叶的漫长岁月里，步枪都使用黑火药，口径多在15～25毫米之间。19世纪末，无烟火药在步枪弹上的应用，加上金属深孔加工技术的进步，使步枪的口径得以减小。19世纪末到20世纪60年代，各国步枪口径基本稳定在7.5～8.0毫米之间。其间有过将步枪口径减到6～6.5毫米的犹豫，如美国、德国、日本、俄罗斯分别采用过6毫米、6.8毫米和6.5毫米口径的步枪。但当时的技术不过关，射击故障多，导致这些口径未能坚持下来，被7.5～8.0毫米口径所淹没。20世纪60年代，火药技术和机械加工技术的长足进步，为减小口径提供了技术基础。1963年，美国在越南战场推出第一支5.56毫米自动步枪后，世界上掀起了装备小口径步枪的热潮，除独联体国家和中国采用5.45、5.8毫米口径之外，其余国家都是5.56毫米的口径，步枪口径三足鼎立的世界格局形成。

美国选择 5.56 毫米口径

1945年，第二次世界大战中的教训让世界各国都感到统一步枪及相关弹药的必要性。同样，美国也坚定地推行统一，但决策者们不听技术部门和工业部门的推荐，陆军地面部队装备局仍然固执地提出，新式步枪弹药还应在保持 7.62 毫米 M1 伽兰德步枪威力的前提下改进。1949年，研制出 T65 步枪弹（与原 M1 步枪弹相比，弹头质量不变，全弹质量减轻 1 克，全弹长减短 13.3 毫米，弹壳长减短 12 毫米）和相应的 T37 步枪。1950年，美国陆军宣布坚决反对在现役步枪和新步枪上采用小口径枪弹。

听从了美国的独断专行，1953年，北大西洋公约组织 11 国将步枪弹药统一为 7.62×51 毫米。十几年后的实践证明，北约集团这次步枪口径抉择背叛了步枪发展潮流，背离了现代战争的需求。因为 7.62 毫米北约步枪弹在 2000 米以外还有杀伤生动目标的能量，威力过大。采用这种大威力枪弹的步枪必然笨重，机动性差，射击时后坐冲量大，在连发时射手很难控制住枪的跳动，点射精度很差。尽管使用 7.62 毫米北约步枪弹的美国 M14 半自动步枪、比利时 FN FAL 半自动步枪和德国 HKG3 半自动步枪的设计很成功，但由于弹的威力过大，其综合性能始终不能令人满意，招致各国军事和技术专家的不断责备。

历史是无情的，美国在步枪口径上的偏见、固执最终自食其果。20世纪 60 年代的越南战争使手持 M14 步枪的美国大兵吃了大亏。20世纪 60 年代后期，美国军方迫于实战压力，无暇顾及颜面，率先毁约，开始考虑减小步枪弹药的威力和质量。

尽管美国军方对步枪弹药的抉择武断，但研究机构和厂商们却并不盲从，仍在不断寻找适宜步枪的弹药。他们没有走德国的短弹（7.92×33毫米）和苏联的中间型弹（7.62×39毫米）之路，而是对减小口径非常感兴趣，小口径弹药如同雨后春笋般崛起。据统计，共有19个研究机构和厂商各自研制出0.18、0.223、0.224、0.25、0.27英寸等14种口径，为20世纪60年代后期美军步枪小口径化的急转弯打下了基础。

1954年，阿玛莱特飞机制造公司开始为空军研制AR15救生小口径步枪，发射5.56×45毫米商用大黄蜂猎枪弹。1957年3月，美国陆军向数家公司宣布准备研制一种新型高速小口径步枪及弹，阿玛莱特公司成为最后的胜利者。1958年3月，步兵局组织了该公司的5.56毫米AR15小口径自动步枪与M14的对比试验，证明了小口径步枪的战斗性能在要求的距离内可以替换7.62毫米M14步枪。

1959年4月，在M14和AR15之间进行了对比试验，在射弹密集度和命中率方面，小口径步枪都比M14好。1962年5月，空军毅然订购了85000支AR15送越南试用。1963年1月，国防部同意AR15步枪装备到空军特种部队。陆军在实战碰壁后，没有再继续"硬撑"，1963年11月订购了10.4万支AR15步枪，命名为XM16E1步枪。1965年12月，驻越美军司令维斯特姆兰上将紧急申请29.3万支XM16E1

步枪，想用小口径步枪装备整个陆军、南越和所有西方部队。1966年，XM16E1步枪定名为M16步枪，陆军开始大量订货。1967年2月，定型为M16A1式5.56毫米步枪，美国陆军正式决定用此种步枪换装M14式7.62毫米步枪。至1971年，M14步枪在美军中被换装完毕。

美军列装5.56毫米M16突击步枪后，相当一部分将校级军官仍然反对小口径步枪，甚至有的怀念M14步枪换装前的7.62毫米大威力的伽兰德半自动步枪。美国一些技术专家和武器评论家也反对5.56毫米口径，主张6毫米或7毫米口径。

20世纪70年代，美国陆军曾心头一热，让厂家们为班用自动武器研制出了6毫米XM732枪弹，目的是想将5.56×45毫米和7.62×51毫米两种枪弹合二为一，简化制造、装备、使用。这种弹药先天就不足，既面临着美军自己刚刚选定的5.56毫米小口径弹，又面临着前20年自己强行推给北约的7.62毫米枪弹，结局只能是昙花一现。

5.56毫米M16突击步枪成了世界上第一支参加实战的小口径步枪，美军成为世界上第一支大量使用高初速、小后坐、携行轻便的小口径突击步枪的军队。美国的领先引起了北约内部步枪装备的混乱。1976年6月，北大西洋公约组织签订了《关于试验、评审、选择北约第二种手持枪支口径的协议备忘录》。

1977年4月，北约再次进行步枪口径及弹药选型时，美国已有450万支发射5.56×45毫米枪弹的M16A1步枪发到部队。法国已经决定放弃7.5毫米口径，准备订购 2 万支发射 5.56×45 毫米枪弹的 MAS 步枪。比利时和荷兰准备使用的是发射 5.56×45 毫米枪弹的 FNC 和 MN1 新式步枪。英国正在研制的是发射 4.85×49 毫米枪弹的 LW 步枪。只有德国在埋头研制尚未成熟的 4.73×21 毫米 G11 无壳弹步枪。选型试验历时三年多，1980 年 10 月 2 日选型工作终于完成，选择 5.56 毫米为北约第二种手持枪支的口径，推荐比利时 SS109 式枪弹为北约步枪的制式弹药。

21 世纪初，美军置身阿富汗战争、伊拉克战争，从战场前线反馈出 5.56 毫米突击步枪在 400 米以外威力不足问题，致使有的部队重新应急启用了配上刘波尔德 MK Ⅳ 型瞄准镜的 7.62 毫米 M14 步枪或稍加改进的 M14Mod O 型步枪，有的达到每班 1 支，以弥补 400 米外交战的需要。

少量远程步枪的配发不等于将要普遍装备，少量的启用较大口径的步枪也不意味着步枪要走扩大口径的回头路。步枪在战场上的综合性能可以用突击性这个综合指标来评价，即在 400 米距离内使多个生动目标尽快丧失战斗力的效果。战斗射速越高，弹头对目标的侵彻力越大，弹着点越密集，直射距离越远，瞄准和射击控制越方便，枪和弹的系统质量越轻，突击性就越好。今后步枪的发展，突击性只能增强，不会减弱。多数突击性好的步枪加上少量远程步枪的搭配，是对步兵的班一级火力的调配和对步枪突击性发展的完善，不意味着步枪口径的"回头"。至于近几年来雷明顿公司开发的 6.8×43 毫米新口径步枪弹及巴雷特公司开发的 6.8 毫米 M468（公司自己命名）

新式步枪，亚历山大弹药公司开发的 6.5×39 毫米挑战者格伦代尔步枪弹都将是过眼烟云。步枪小口径化带来的大幅度减小枪弹质量、增加弹药携行量、明显提高步枪的点射精度、令人惊叹的近距离杀伤力等诸多好处，不会被军事技术专家和军事指挥家们所抛弃。厂家的自吹自擂不代表发展方向，决策者们不会听从它们的忽悠，抉择往往是综合性的考虑。

苏联选择 5.45 毫米口径

20 世纪 60 年代，在美国在越南战争中普遍装备小口径步枪之后，苏联立即认识到减小口径的优越性：有利于减轻枪弹重量，提高携弹量；有利于提高断面比能，增大穿透力；有利于飞行失稳后的翻滚，扩大杀伤效果；有利于弹道低伸，加大直射距离；有利于减小后坐力，提高点射精度；有利于减少材料消耗，便于后勤供应等。苏联的轻武器设计专家们开始了赶超美国小口径的研制工作，研制出了 AK74 突击步枪、RPK74 轻机枪和它们发射的 5.45×39 毫米枪弹。5.45 毫米枪弹的结构是顶端有 5 毫米高的空腔，中间钢心，铅柱殿后。其性能指标是瞄准 5.56 毫米小口径步枪弹，研制定型的结果是超越了前者。在全弹减轻 1 克的情况下，通过内外弹道的优化设计，使得 5.45 毫米枪弹在 300 米外的精度和侵彻能力、弹道低伸性、后坐冲量、经济性等方面都超过了美国的 M193 弹。

随着步枪弹药小口径热潮遍及世界，在看到优点的同时，大家也都越来越清楚地认识到小口径枪弹的远射能力差，射出的弹头稍遇干扰就容易失去飞行稳定的问题。早在越南战争中就反映美国的 5.56 毫米弹头在植被丛中不如 AK47 步枪的 7.62 毫米弹头有效。当然，1977—1980 年的北约步枪弹药选型定下来的 SS109 弹，对 M193 弹的远程能力有了弥补，但在近距离上的杀伤力上有所降低。

中国选择 5.8 毫米口径

中国小口径步枪的研制始于 1971 年，当时由 6 大军区牵头的 7 个会战组（含小三线厂在内共有 20 个工厂参加）开展竞赛研究，主要集中论证 5.2、5.6、5.8、6.0 毫米口径。1974 年 4 月，全国小口径步枪在浙江云和，小口径弹在湖南辰溪分别进行了射击评比选型，结果决定缩短战线，保留西南组的 5.8 口径和中南组的 6.0 口径的武器系统（共 6 个工厂）继续研制。1977 年 9 月，第二轮小口径枪弹选型在国家靶场进行，管理机关决定继续进行 5.8 毫米口径的研制工作。1978 年 8 月，主管轻武器科研的军械部要求加紧研制 5.8 毫米步枪及弹，争取枪弹在 1980 年定型，步枪在 1982 年定型，1985 年部队试装。

1979 年 1 月，领导机关批复同意研制小口径步枪，同时明确要求当前应集中科研力量，抓紧 7.62 毫米口径班用枪族的研制定型。为什么还要抓紧 7.62 毫米新枪族的研制呢？主要是 20 世纪 70 年代的部队营团干部、高级干部都参加过抗日战争，他们对口径较小的日本三八式步枪弹不足的杀伤效果记忆犹新。军队中对小口径有着抵触和疑虑，认为枪弹的口径不能太小，否则威力不够（其实三八式步枪弹在远距离上的弹头翻滚杀伤能力是大的，只是在常用距离上弹头飞行过于稳定）。加上当时业已装备的 7.62 毫米 1956 式枪弹 / 枪的装备量和库存量很大，没有能力全部马上换装，对小口径枪弹需求也就没有紧迫感了。

20 世纪 80 年代初，在 7.62 毫米 1981 式枪族定型后，中国的小口径步枪研制面临的形势是在世界上存在着两大对立军事阵营的北约和华约。当时北约已经把比利时的 5.56 毫米 SS109 枪弹作为北约步枪标准弹药。对立军事阵营中的苏联，1979 年 12 月业已在阿富汗战场上大量使用了 5.45 毫米步枪，反映效果很好。两大军事阵营之外的许多国家从贸易等方面考虑也采用了 5.56 毫米口径。当时步枪口径的国际形势，已经使国内在是否装备小口径步枪问题上得到了统一，接下来的问题是具体要搞多大的口径？20 世纪 80 年代初，全球经济一体化苗头已经显现，改革开放需要我们面向世界，国内有些部门于 1982 年 7 月提出建议，考虑我国的小口径步枪枪弹是否也采用 5.56 毫米枪弹，有利于外贸出口。国内军方认为中国是一个大国，不宜向两大阵营的任何一方靠拢，应当自立于世界之林，立足国内，继续坚持独立的 5.8 毫米口径。认识上有分歧，行动上就会有迟疑，有几年小口径弹和枪的研制进展不快。

1985 年 3 月，上级领导机关决定争取尽快设计定型 5.8 毫米枪族，少量生产并装备部队试用。同时，为了加快小口径枪弹的研制速度，决定用成功的 1981 式步枪改成发射 5.8 毫米枪弹的方式先定型枪弹。1987 年 4 月，中央军委批准我国新一代小口径枪族采用 5.8 口径，当年定型了 5.8 毫米 1987 式枪弹和 1987 式步枪。

1989 年 5 月，国内 4 个联合体的 4 种新 5.8 自动步枪设计方案参加了评审，因为 4 个方案各有千秋，决定同时转入试制加工，拿出样枪，再进行选型。

1990年5月对4种样枪评审后,为了发挥全行业的整体技术优势,摒弃了过去单门独户研制的做法,改由研究所和工厂组成技术互补的联合研制群体,统一由朵英贤院士领导的设计组,号称"国家队"实施研制,直至定型出5.8毫米1995式步枪。

中国5.8毫米枪弹

其他国家遵从或中立

英国的步枪口径抉择曾有过自己的主见，早在 1912 年就提出 7.0 毫米口径方案最佳。1951 年春，在英国议会内展开激烈争论，工党议员们极力主张装备 7.0 毫米 EM2 步枪，强调民族的独立性，声称甘冒与北约盟国分裂的风险。保守党的议员们则强烈反对，强调国际协调合作，应当在刚刚成立的北约范围内统一，与盟主美国一致行动。最后，保守党意见占了上风。当时一位英国的大评论家对此气愤不已，声称在他死的时候，请在他的坟前用 7.0 毫米步枪对空鸣枪数响以示"殉节"。20 世纪 70 年代初，英国又开始研制更小的步枪口径，推出了 4.85 毫米口径的步枪弹，宣称该弹在 550 米距离上能穿透德国钢盔，在 600 米距离上能穿透 3 毫米厚的钢板。但在 1977—1980 年之间举行的北约国家小口径枪弹及步枪选型试验中，4.85×49 毫米枪弹被判处"死刑"。已装备了 450 万支使用 5.56×45 毫米枪弹的 M16A1 步枪的美国不会容忍其他口径得逞。

法国在步枪口径的选择方面一直保持自立，直到戴高乐去世。20 世纪 50 年代初，北约多数国家同意美国 7.62×51 毫米步枪弹作为统一标准，只有法国置之不理，继续使用 7.5×54 毫米 M1929 枪弹，相应步枪型号为 7.5 毫米 MAS M49/56 步枪，一直持续到 1970 年。这与法国强人戴高乐的思想有关：一贯主张独立自主，反对国际霸权主义。戴高乐去世后，法国 MAS 自动步枪弹药才决定采用美国的 M193 式

北约 5.56 毫米弹、中国 5.8 毫米弹、中国 56 式 7.62 毫米弹、北约 7.62 毫米弹、中国 53 式 7.62 毫米弹

北约 5.56 毫米弹、俄罗斯 5.45 毫米弹、7.62 毫米弹

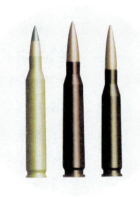

北约 5.56 毫米弹、中国 5.8 毫米弹、俄罗斯 5.45 毫米弹

北约 5.56 毫米弹头、中国 5.8 毫米弹头、俄罗斯 5.45 毫米弹头

北约 7.62X51 毫米弹、苏联 7.62X39 毫米弹、中国 5.8X42 毫米弹、俄罗斯 5.45X39 毫米弹、北约 5.56X45 毫米弹

北约 5.56 毫米普通弹、曳光弹、穿甲燃烧弹、穿甲弹

北约 7.62 毫米普通弹、曳光弹、空包弹

北约 7.62X51 毫米弹、苏联 7.62X39 毫米弹、德国 7.92X33 毫米弹

中国 5.8X42 毫米弹与北约 5.56X45 毫米弹

中国 7.62X39 毫米弹与 5.8X42 毫米弹

5.56×49 毫米小口径枪弹，加入美国为首的北约小口径标准行列。

瑞士在 1981 年选定了 5.6 毫米口径的弹药作为步枪标准弹药。其实 5.6 毫米与 5.56 毫米差不多，只是该国表示一下奉行中立政策而已，后来还是公开加入了使用 5.56 毫米 SS109 枪弹的行列。20 世纪 60 年代吹起的世界范围步枪小口径热潮始终没有影响到一直坚持中立的北欧芬兰，该国至今仍然没有换装小口径步枪。

当今世界上步枪口径的三足鼎立格局的形成，有着技术因素，也有着文化和政治因素。在 5.45、5.56、5.8 毫米 3 种步枪口径中，中国的 5.8 毫米口径出现最晚，威力也最大。从远射性来说，尽管 5.8 毫米口径较优，但 5.45 和 5.56 毫米口径决不会向它靠拢，因为 3 种口径还是属于同一数量级，它们之间性能差距不大，而且只有中国独家采用。步枪口径的三足鼎立格局形成后，尚未实现步枪小口径化的国家，可能

"从众跟风"。2007 年，巴基斯坦和挪威决定用 5.56 毫米步枪换掉 7.62 毫米口径的 G3 式步枪。采用 5.56 毫米口径的国家还在不断增加，步枪口径三足鼎立的格局仍会持续，持续到何时？要看未来战场需求，要看科学技术的进步，要看全球经济的发展，要看政治格局的变革。想得更远一点，新的能源或新的杀伤途径出现、应用，单人常用武器就会是另外一番新景象。

步枪造型如是谈

作为一名"老枪",经常遭到来自各种媒体转达的这样质问:"我国的95式5.8毫米步枪是否参照了法国FAMAS 5.56毫米步枪的设计?为什么外形类似?"我的解释:"95式5.8毫米步枪是中国自行论证、自行设计、自行制造的,完全具有自主知识产权。两支枪的心脏机构——自动原理就不一样,一个是导气式,一个是半自由枪机式,风马牛不相及。要说95式5.8毫米步枪的设计参照了法国的FAMAS5.56毫米步枪,真是天大的冤枉。"95式5.8毫米步枪与当今世界上同类产品相比,设计合理,具有体积小、重量轻、威力大、直射距离远、使用可靠、操作方便等优点,综合性能处于世界先进水平。

将95式5.8毫米步枪与法国FAMAS 5.56毫米步枪放在一起，可以发现整体布局上都是采用"无托结构"，目的是尽量缩短全枪长度，技术上的同路无可厚非。关键是在造型上给人以联想，从侧面可以看出：枪身尾部都是短而粗，95式步枪只是其下面稍长；上方都是保护拉机柄的全行程的长形提把，95式步枪只是其长度稍短；枪口部都是22毫米外径的枪口消焰器，该消焰器除了具有少许后坐制退和抑制枪口上跳的功能外，更主要的是能发射尾管内径为22毫米的世界各种枪榴弹。瞪大眼睛，在两枪外形之间，只能找出枪口、枪尾和中间的长提把这3点的相近，其他再也没有类似之处。也就是这3点使95式5.8毫米步枪背上了"参照FAMAS 5.56毫米步枪"之名。

3 点嫌疑的来历

上方大提把是由于战术技术要求在不调换或增加零件的情况下，既便于射手用右手操作，又便于用左手操作。为此，拉机柄放在枪身（机匣）右侧或左侧不行，不是放在枪身（机匣）下方，就得放在上方。而下方必须让位于小握把及弹匣，剩下的只能放在上方了，而且还必须允许拉机柄有足够长的行程，使其拉动枪机能够后退的长度大于枪弹的全长，保证有足够的距离满足推弹入膛和退出未发射枪弹的动作需要。加上拉机柄不能敞开，必须罩盖起来进行保护，防止行军或操作中意外钩挂，只能采取大提把方式。

中国95式步枪（上）与法国FAMAS步枪（下）外形比较

22毫米外径的枪口消焰器不只法国FAMAS和中国95式步枪采用，美国M16A1/M16A2步枪、英国L85A1步枪、奥地利AUG步枪、比利时FNC步枪、德国HK33步枪、G41步枪、南非R4/R5步枪、瑞典FFV890C步枪等都采用了。因为这种外径的枪口装置已经成为世界性的通用标准，用这个标准可以用步枪发射各国各种各样的枪榴弹，使步枪即可以用于点杀伤的火力突击，又可以用于面杀伤的火力压制。在这点上与国际接轨有利无害，何乐而不为。

至于枪尾部的相似是与这个部位要实现传统步枪的抵肩功能有关，托底小了不行，因为与射手肩部重合面积越大，射手承受冲击力的面积越大，感受到的冲击越小。另外，95式5.8毫米步枪的尾部里面装有枪机缓冲器，用以缓冲枪机到后方位置时的猛烈撞击，提高射击精度，延长机件寿命。增加这个缓冲器自然使该枪的后尾下方变得较长一点。

步枪造型要求异

回头仔细想来：群众是英雄，用户是"上帝"，"上帝"的怀疑与评价总是有道理的。"外行们"的横挑鼻子竖挑眼也是有益的。从技术的角度出发，设计人员自有他的道理，但是，要从艺术的角度就有问题。因为技术与艺术的各自追求的理念完全相反，技术上是求"同"，艺术上是求"异"。

技术上要求产品必须性能一致，尺寸一致，而且是不一致的程度越小越好，对加工精度的要求越来越高。同类产品之间在同一性能上比高低。95式5.8毫米步枪的全枪长746毫米，在世界上同类步枪中最短，这一性能就是最好。从20世纪80年代开始，各国机械行业的制造精度普遍从1毫米的百分之五以内提高到了千分之五以内，加工精度上升了一个数量级，机械产品的制造精度越来越高，产品的质量也就越来越好，噪声也就越来越小，这就是求"同"结果。技术上的求同是创造。

枪械造型属于艺术范畴，艺术上必需求异，艺术上求同就是失败。一个作品（如绘画、雕塑）与另一个已有作品一样或相近就会出问题：会被视为赝品，相近往往不会被人们判作不谋而合，倒是常常背上抄袭之嫌。因此，艺术只能求异，求异才是创造，求异才能获得人们视觉冲击，才能获得人民大众的赞许。

可能有人会问，枪支是流血斗争的工具，有必要对造型进行追求吗？这要看在什么时候，在战争时代的生死关头，当然只能以可靠实用为准；然而在和平时期，人们对枪支的要求不仅要性能优良，而且在造型上也要新颖悦目，人们要求新型枪支技术性与艺术性并举也是自然的。因为随着时代的发展，人类的进步，人们对任何产品的要求都会越来越高，不仅要好用，而且要好看；不仅要性能高，而且也要造型好。对日用品如此，对军用品也不例外。尤其是对部队武器中数量最多、百姓看到和接触最多的步枪来说，对其造型的苛求，理所当然。步枪的造型关系到军队的军威，牵扯到国家的国威，当代的步枪不仅要性能先进，而且也要有视觉魅力才行。步枪的形象在一些国家早已出现在军队的帽徽、星衔、臂标、功章上，变成了一个标志，一种象征，一件艺术品。因此，广大的枪迷们关注我国新式步枪外形，质疑95式5.8毫米步枪是否参照了法国FAMAS 5.56毫米步枪的问题，值得我们轻武器界反思！应当承认，这种质疑的出现，是95式步枪在造型上的美中不足。原因是战术技术要求中没有强调造型求异，设计时注意也不够。主设计师林久彬同志说："在提把设计时主要追求了全枪整体性能优异，并注意了秀气，吸收了美国M16A1式步枪提把某些长处，没有特意在造型上求异。"95式5.8毫米步枪的造型失败在于没有求异。这也是95式步枪的缺憾。

要想满足人们在保证步枪战斗功能前提下的美的追求，步枪造型一定要独树一帜，不能与国内外已有步枪雷同，新颖才有魅力。我国的1956式7.62毫米冲锋枪是仿制苏联AK47自动步枪，地道的苏式外形。我国自己设计制造的1981式自动步枪的造型未能引起重视，虽然它的战斗性能好，机构动作可靠，但其外形给人们的印象是"AK47的改进"，显示不出我们自己的风格。81式步枪的刺刀一看就不能避免仿苏CKC刺刀之嫌，95式步枪的刺刀一看就不能避开仿美M9刺刀之嫌。

中国最早引进的弹匣式步枪（奥匈M1895曼利夏步枪）

造型设计"20字心法"

造型是一种综合艺术,涉及武器设计、人文艺术、材料应用、加工制造等的多个领域。步枪造型设计"20字心法"主要体现在以下5个方面。

1. 形体大方

(1)大部件之间的长度比例力求合宜。从美学角度来说,总长度与其中大部件长度的最佳比例应是1.618∶1,即黄金分割,但不要强迫功能一定要服从于造型,只能适当兼顾。例如,英国的李-恩飞尔德 No.4MkI 步枪弹匣的前部分与后部分长度比就比较合适。

奥地利 AUG 步枪的握把扳机造型特别扎眼

(2)尽量注意对称。对称能给人以庄重感。对步枪来说,以枪膛轴线为准的上下对称很困难,但其他部位对称可经常发现,如美国 5.56 毫米 M16A1 步枪、比利时 5.56 毫米 FNC 步枪中以过扳机的垂线为对称轴的弹匣和小握把的分布,奥地利 5.56 毫米 AUG 步枪以枪膛轴线为对称轴的瞄准镜两支座与下方的握把倾斜角度的分布,都具有对称感。

(3)要有独特的创意。奥地利 5.56 毫米 AUG 步枪中异常夸大的扳机护圈、法国 5.56 毫米 MAS 步枪中特大的提把、中国 5.8 毫米 87A 步枪中脚掌形的托底板、苏联 7.62 毫米 SVD 狙击步枪中空心枪托与握把的合二为一结构等都给人们留下了强烈的视觉冲击和极为深刻的印象。

2. 线条明快

(1)体现主流趋势,层次分明。步枪的主流方方向是枪膛轴线,平行于该轴线的长直线(轮廓线或楞线)能给人以主流、平稳感觉,其他轮廓线或楞线次之。

(2)动感突出。假如全枪的轮廓线或楞线除了平行于轴线之外,都是垂线,虽然规整,但会给人以死板的感觉。动感的建立主要靠斜线等形成。例如,美国 5.56 毫米 M16A1 步枪护手的上下轮廓线、提把的上下轮廓线、枪托的下轮廓线都是呈向前的锥线状,三组锥线形成向前的动感,造就了 5.56 毫米 M16A1 步枪的主流特色。相反,英国的 5.56 毫米 L85A1 步枪外形就给人以呆板、死气感觉,主流线条不突出,

1956 式半自动步枪用于仪仗队

诸多短垂线只能给人以杂乱视觉。

（3）流畅圆润。轮廓线的拐弯处常常需要用曲线圆滑过渡，给人以柔顺的感觉。老式全木托步枪的枪颈处和现代步枪的小握把后上方都是典型的圆滑过渡。

（4）线条宜少不宜多。忌讳多而乱，不要设计与功能无关的附加线条。

3. 色彩庄重

（1）威严肃杀是步枪颜色的主格调。这就决定了步枪基本格调应是偏黑偏灰，其主色应用黑、铁灰、墨绿等颜料构成冷色、暗色，体现出冷感、深重感、坚硬感，增强持枪手征服对手的信念。

（2）色调搭配得当。步枪虽然应以黑色为主调，但也不宜一色黑，还需要一些搭配色，只是不要对比反差太大。例如，苏联5.45毫米AK-74步枪的弹匣采用橙红色，其用意可能是要与木质前护木和枪托的漆色相近，然而与黑色的枪管、机匣就很不协调。老式步枪都是全木托，只有前端露出一段枪管，全枪颜色自然应以漆色为主；实现半木托后，木色越来越少，再坚持木色就不恰当了。

（3）标志和方向指示的色彩应显著。例如，快慢机的位置标志，红色可代表"开火"，白色可代表"保险"等。

4. 质感真切

质感是人们对材料性质、表面粗糙程度、质地软硬程度、轻重分量、加工纹理、表面工程处理的视觉和触觉的感知。

（1）精巧细致。触摸光滑细腻，没有粗糙痕迹。

苏联 7.62 毫米 SVD 狙击步枪

巴基斯坦赠给中国军事代表团的 G3 步枪

巴基斯坦赠给中国军事代表团的 G3 步枪上的雕刻

比利时 FNC 步枪的弹匣与小握把的倾斜角度力求对称

比利时 FNC 步枪的弹匣与小握把的倾斜角度力求对称

德国 M1898 步枪枪颈处的圆滑过渡很有美感

美国 M16A1 步枪上的护手、提把上梁和枪托三个锥体很协调,弹匣与小握把倾角基本对称

苏联 SVD 狙击步枪带孔枪托与握把合一的视觉冲击

泰国赠送邓小平的 MP5 冲锋枪

英国李-恩飞尔德步枪的前后长度比比较合宜

德国 11 毫米 1871 步枪

德国德莱塞针发枪

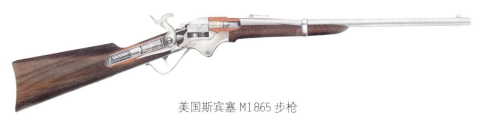

美国斯宾塞 M1865 步枪

英司登冲锋枪在第二次世界大战中应急出产，加工粗糙，外形也不讲究

中国 5.8 毫米 87A 式步枪

（2）机理自然。例如，仿木纹、皮革纹要达到以假乱真的程度。

（3）不要光亮。人们常常更欣赏亚光的细小麻点、小小方格等的表面覆盖。

（4）触觉宜人。手感舒适惬意，令人爱不释手。

5. 装饰多样

（1）电镀用在金属表面上，分为镀金、镀银、镀铬。

（2）雕刻用在金属或木质表面上，伴有商标、品名、厂家、产地文字及出厂号码等。

（3）镶嵌常配用于雕刻上，分为珍珠、象牙、精巧物件等。

（4）喷塑、髹色用在金属或木质表面上。

（5）装饰雕刻图案除了花卉、纹理、风物外，还常用图腾，其中动物图腾随各国文化不同而不同，如俄罗斯用北极熊、美国用白头鹰、欧洲用蓝精灵、中国用神龙与凤。

总之，造型是冷酷与慈颜的结合，冷酷是步枪的功能体现，慈颜是步枪的艺术美感。

18

与中国擦肩而过的燧发枪

近代中国由于武器装备的落后,惨遭列强的侵略。但谁能想到,西方诸国在清康熙、雍正、乾隆年间都曾将当时最为先进的武器进献给中国,但未引起中国的重视,遗憾地与中国擦肩而过……

1793年的盛夏,一个闷热的午后,83岁高龄的乾隆皇帝在避暑山庄小憩。此时,官员送来了英王乔治三世的礼物,礼物尽显欧洲科技风采,有军舰模型、天体运行仪、地球仪、望远镜、燧发枪等,突出的是1支燧发枪,蒙银錾刻、镶嵌象牙金丝的枪面装饰甚为精致。

早些时候,乾隆曾接到沿海商人代禀的英国使团信件,其中说到,皇帝80大寿时,未及来贺,今特

英国赠乾隆80寿辰的礼品枪

礼品枪局部

遣使节团前来进贡。因信中"情词极为恭顺恳挚"，他已经允准使节团来京觐见，并命令沿海官员妥善接待。

来人是经过英国政府精心选择的，使团的首脑是乔治·马戛尔尼勋爵，他是一位任过彼得堡商务谈判代表、爱尔兰事务大臣、加勒比岛屿总督、印度马德拉斯省督的大人物。此行中国，实质上是探个虚实，为在中国增开通商口岸、降低关税、设常驻外交使节、开放租界等做个铺垫。

使节未到，礼物已先期到达，这让乾隆比较满意。因为有了皇帝的旨意，马戛尔尼使团一路受到各级官员的礼貌接待，对中国人的"彬彬有礼"大加赞赏，并向中国官员表示："敝使昧于贵国风俗，今后各事，请各大人就贵国习尚中所有者便宜行之，敝使决不稍持异议。"然而真要相见之时，矛盾突然发生，中国官员要求马戛尔尼等向乾隆行三拜九叩大礼，而英国使团坚持要行面见本国国王时的单膝跪拜吻手礼。双方争执激烈，马戛尔尼甚至以不见皇帝相威胁。尽管最后乾隆对此表示了宽容，英国使团官员可以单膝跪拜礼见皇帝。但也认为西方蛮夷，不懂礼数。既然礼数不全，其他皆免谈。

礼物展现之后，没有引起乾隆惊喜，下令日后安排马戛尔尼回京游园，参观景福宫。在那里有早先葡萄牙、荷兰、罗马教皇"贡献"的精美西洋玩意，让英国人自己货比货。果不其然，马戛尔尼观后在日记中这样描述他所看到的东西："……有各种各样的欧洲玩具；有做工极其精细的地球仪、太阳系仪、钟表

康熙年间英国赠燧发枪

和音乐自鸣钟,我不禁惶惑了,我们的礼物未免相形见绌。"

不过,马戛尔尼很快就从丢面子的懊丧中苏醒过来,要找回英国人的尊严,很热情地邀请福康安观摩英国士兵的枪炮操练,结果遭到了福康安傲慢的拒绝:"看亦可,不看亦可。这火器操法,谅来没有什么稀罕!"天朝此时所以傲慢地拒绝观看英国人枪炮操练,是因为大清的前辈们利用马背民族骑射优势,平定三藩,抗击沙俄侵略,三征噶尔丹,清朝疆域颇大,人口超过3亿,占当时世界人口的2/5,人们称为"康乾盛世"。大清皇帝以天朝上邦自居。此次马戛尔尼造访,乾隆仍然看作是英国愿意称臣献贡,不知大英帝国当时已经战胜了西班牙、荷兰,夺得海上霸权，正在急剧殖民主义扩张。

至于那支燧发枪也不是希罕物。大臣献言，早在乾隆的爷爷康熙当政期间英国就曾送过燧发枪，大前年英国还曾送过燧发手枪，这次送枪只不过装饰有所变化。当时宫里利用火药为能源的礼品鸟枪已经陈列了几十支，绝大多数属于火绳枪，燧发枪只有十来支。火器本来发源于中国，经13世纪蒙古大军三次西征，横扫欧亚大陆，将中国的火箭、铁火炮、大小火铳传到了阿拉伯、欧洲。欧洲从16世纪初，小火铳发展成燧发枪。燧发枪从中国明朝后期开始传入，没有得到普及应用。外国送的燧发礼品枪，可能皇上出于好奇，试射过几发，而后即束之高阁。原因是在手工业的阶段，燧发枪的结构远比火绳枪复杂、精细，造价昂贵。先进的武器没有引起大清兴趣，还因为他们满足于八旗军的传统骑射辉煌，加上当时的燧发枪处于从枪口前装发射药、弹丸阶段，每次发射前的装填时间长，射速太慢，远远比不上弯弓射箭快，火器的优势难于让旗人赏识。康熙说过，担任武职"以骑射娴熟，人材壮健为要。"还说过，"训练有素"的军队是"精神振作，骑射皆佳。"雍正在其五年（1727年）时说过："满州夙重骑射，不可专习鸟枪而废弓矢。"

鸟枪中的火绳枪曾在中国军队列装。例如，清康熙三十年（1691年），朝廷军队中设内、外火器营，仅内火器营3920人中，有鸟枪（火绳枪）射手2512人，占64%。同时在吉林、广州、福建等许多地方都设立了鸟枪营。1899年出版的《清会典》中记载的

乾隆五十五年外国赠的燧发手枪

线膛鸟枪的枪长1.9米，全枪质量4.4千克，每次用黑火药4.5克和铁丸24克；滑膛的鸟枪长2米，每次用黑火药9克和铁丸3克。总之，燧发枪在中国未能像欧洲各国那样取代火绳枪，中国的枪械发展走的是火铳、火绳枪、击发枪之路。